Oldenbourg Interpretationen

Herausgegeben von
Klaus-Michael Bogdal und Clemens Kammler

begründet von Rupert Hirschenauer (†) und
Albrecht Weber

Band 74

Alfred Döblin

Berlin Alexanderplatz

Interpretation von
Peter Bekes

Oldenbourg

Die Seitenzahlen in Klammern beziehen sich auf folgende Ausgabe:
Alfred Döblin: Berlin Alexanderplatz. München 1965 u.ö. (dtv)

Die Deutsche Bibliothek – CIP-Titelaufnahme

Bekes, Peter:
Alfred Döblin, Berlin Alexanderplatz : Interpretation / von Peter Bekes. – 1. Aufl.
– München : Oldenbourg, 1995
  (Oldenbourg-Interpretationen ; Bd. 74)
  ISBN 3-486-88673-8
NE: GT

© 1995 R. Oldenbourg Verlag GmbH, München

Das Werk und seine Teile sind urheberrechtlich geschützt. Jede Verwertung in anderen als den gesetzlich zugelassenen Fällen bedarf deshalb der vorherigen schriftlichen Einwilligung des Verlages.

1. Auflage 1995
Unveränderter Nachdruck   99   98   97   96   95
Die letzte Zahl bezeichnet das Jahr des Drucks.

Lektorat: Ruth Bornefeld
Herstellung: Karina Hack
Umschlaggestaltung: Klaus Hentschke
Gesamtherstellung: Wagner GmbH, Nördlingen

ISBN: 3-486-88673-8

Inhalt

	Vorwort	7
1	**Voraussetzungen und Hintergrund**	11
1.1	Der Dichter und seine Stadt – Döblin und Berlin	11
1.2	Döblins Romantheorie – Vom „Berliner Programm" (1913) bis zum „Bau des epischen Werks" (1928)	16
1.3	Die Entstehung des Romans	20
2	**Hermeneutische Dispositionen**	25
2.1	Die Ambivalenz von Titel und Untertitel	25
2.2	Titelbilder	27
3	**Der Erzähler**	29
3.1	Der Romanprolog	29
3.2	Erzählerische Interventionen – Vorreden und Kapitelüberschriften	32
4	**Geschichte – Montage**	35
5	**Struktur**	39
5.1	Offene Schreibweise	39
5.2	Aufbau und Beziehungen der Bücher	40
5.3	Symbolische und allegorische Verknüpfungen	42
6	**Kursorische Interpretation**	45
6.1	Der Romanbeginn: „Die Strafe beginnt"	45
6.2	Biberkopfs Gang durch Berlin – der Handlungsverlauf des Romans	54
6.3	Erzählte und montierte Stadt	64
6.3.1	Die Stadt als funktionales System	65
6.3.2	Die Stadt als Organismus	68
6.3.3	Die Stadt als sinnliches Ereignis	72
6.3.4	Die Stadt als Ort der Gewalt – Megamaschine und Schlachthof	74
6.3.5	Die apokalyptische Deutung der Stadt	78
6.4	Erzählen aus mythischer Erinnerung	81
6.4.1	Erzählungen vom Paradies	83
6.4.2	Hiob-Paraphrasen	85
6.4.3	Mythen als Erkenntnishilfe: „Sehend werden"	89

6.5	Allegorisierende Deutung	91
6.5.1	Die Rolle des „Todes"	91
6.5.2	Der Totentanz	95
6.6	Der Romanschluß	101
6.6.1	Der „neue" Biberkopf	101
6.6.2	Offenes Ende	104
7	**Rezeption**	111

Unterrichtshilfen 118
1 Didaktische Aspekte 118
2 Unterrichtsreihen 122
3 Unterrichtssequenzen 123
4 Schaubilder 135
5 Klausurvorschläge 139
6 Materialien 143

Anhang 149
Anmerkungen 149
Literaturverzeichnis 153
Zeittafel zu Leben und Werk 157

Vorwort

Je nach Blickwinkel und Fragestellung der Interpreten wird Döblins episches Hauptwerk „Berlin Alexanderplatz"[1] (= BA) – das zeigen schon die unmittelbaren literaturkritischen Reaktionen am Ende der zwanziger Jahre – auf unterschiedliche Weise poetologisch akzentuiert und literarhistorisch eingeordnet: als wichtiger Großstadtroman, als episches Lehrstück, als Verbrecher- und Unterweltgeschichte, als Travestie der griechischen Tragödie, als politischer Roman am Ende der Weimarer Republik, als christliche Bekehrungsdichtung. Unter den in der Wirkungsgeschichte des Romans konkurrierenden Lesarten hat insbesondere seine Charakterisierung als Großstadtroman breite Zustimmung gefunden. *„Berlin Alexanderplatz"*, schreibt etwa W. Muschg, „ist der erste und einzige bedeutende Großstadtroman der deutschen Literatur".[2] Diese Klassifizierung ist aber nicht ganz frei von Mißverständnissen. Problematisch ist die Formel, wenn man damit meint, Döblin habe einen Roman *über* eine Großstadt, eben über Berlin geschrieben. Das setzt nämlich etwas als Faktum, als fertiges Panorama voraus, was im Verlaufe des Romans erst entsteht bzw. entwickelt wird. Döblin baut poetisch „seine" Stadt auf. Mit anderen Worten: Indem er erzählt, berichtet, dokumentiert, zitiert, entsteht aus Texten bzw. Diskursen die Stadt. Das hat Konsequenzen für die Lektüre des Romans: Der Leser ist gefordert, sich an diesem poetischen Prozeß des Fertigens, Zusammenstellens, Schichtens und Montierens von Elementen unmittelbar zu beteiligen. Hier gibt es für ihn noch nichts Fertiges, noch keinen Plan; hier ist noch alles in Entstehung, in Bewegung. In seiner Lektüre nimmt er teil am Schreiben der Stadt.

In diesem komplexen und vielschichtigen Prozeß muß der Leser sich zurechtfinden, muß er versuchen, innerhalb des Romans Markierungspunkte zu setzen, Verbindungen herzustellen, um zu einer persönlichen Topographie bzw. Ansicht der Stadt zu gelangen. Darin geht es ihm vielleicht genauso wie dem „Helden" des Werkes: Wie dieser sich im pulsierenden Leben der Stadt, im Menschengewühl und im hektischen Straßenverkehr zu verirren droht, ist jener gefährdet, im Labyrinth der Texte völlig die Orientierung zu verlieren. Das Bombardement der optischen und akustischen Reize, dem Biberkopf ständig ausgesetzt ist, die mannigfaltigen

Geräusche, Stimmen, Töne, Sprachfetzen, die förmlich auf ihn niederprasseln, die Formen und Farben, die Bilder und Visionen, die in sein Bewußtsein dringen bzw. es zum Teil qualvoll überlagern, besitzen unzweifelhaft ihr Pendant in dem komplizierten Textarrangement, in der Vielfalt der Themen, Geschichten, Episoden, Motive und Symbole, die der Leser in seiner Lektüre durchzuarbeiten hat. Das erfordert von ihm vor allem Geduld, Konzentration und Flexibilität. Fast allen Verfahren, die der Leser im Zusammenhang mit herkömmlichen Romanlektüren, etwa mit psychologisierenden Handlungsromanen erprobt und eingeübt hat, setzt Döblins Werk ein erhebliches Maß an Widerstand entgegen. Weder bietet es einen Helden als Identifikationsfigur auf, in dessen Innerlichkeit man sich bequem einfühlen kann, noch weist es eine konsistente, lebensnachbildende Handlung auf; weder läßt sich aus ihm ein originärer, einheitlicher Formwille des *einen* Autors, dem die einzelnen Teile des Romans unterworfen sind, durch Analyse herauslösen, noch kann man von der Begegnung mit ihm eine feste, verbindliche Botschaft als Ergebnis erwarten. Der Leser muß sich hier gleichsam auf ein Spiel einlassen, das Döblin mit historisch und sozial diskrepanten Text- und Stilformen, mit sprachlichen Klischees und Mustern inszeniert hat. Da der Autor aber die Kriterien, nach denen er die verschiedenen Textmaterialien ausgewählt und zusammengestellt hat, verschweigt, bleibt dem Leser nichts anderes übrig, als selbst nach Beziehungen und Korrespondenzen innerhalb des Romans zu suchen oder diese selbst herzustellen. Das heißt, er hat im Einzelfall zu untersuchen, wie sich die Texte hier gegenseitig überlappen, überformen, verstärken und verfremden.

Dieses Ziel ist in einer Erstlektüre des Romans kaum zu realisieren. Allein hier dürfte der Leser schon erhebliche Mühe aufwenden, um den Gang des „Helden" durch die Stadt zu verfolgen. Erst in einem zweiten bzw. dritten Durchgang durch das Werk wird er vielleicht wichtige Bedeutungslinien und Entwicklungsmuster, motivische Reihen und symbolische Verflechtungen erkennen, die er zuvor noch gar nicht wahrnehmen konnte.

Diese komplexe und komplizierte Rezeptionssituation macht die Behandlung des Romans im Deutschunterricht ziemlich schwierig und mühselig. Nicht nur der große Umfang, sondern auch die fehlende Handlungsspannung des Werkes stellen die Geduld der Schüler auf eine harte Lektüreprobe. Zudem: Das überraschende Ein- und Ausblenden der Biberkopf-Geschichte, die vielfältigen literarischen Anspielungen, die kühnen Bilder und Vergleiche, die verwirrenden Textmosaiken, alles das zusammengenommen scheint die hermeneutischen Möglichkeiten von Oberstufenschülern, ihre Lese- und Analysefähigkeiten schon fast zu überschreiten.

Und doch – trotz aller Schwierigkeiten – ist es reizvoll und didaktisch auch sinnvoll, diesen bedeutenden Roman der deutschen Literaturgeschichte im Deutschunterricht zu behandeln, nicht deshalb, weil er seit Jahren in den Curricula und Handreichungen des Faches paradigmatisch als Lektüre für die gymnasiale Oberstufe empfohlen wird, weil er also längst schon zum festgeschriebenen und heimlichen Kanon der Texte gehört, die in der Sek II gelesen werden bzw. gelesen werden sollen. Döblins BA ist innerhalb der deutschen Literatur der Text, der vielleicht am nachdrücklichsten in seiner Thematik, Sprachgestaltung und literarischen Form die Ansätze bzw. Möglichkeiten des Projektes der literarischen Moderne reflektiert: Er ist zerklüftetes Zeitpanorama und radikales poetisches Experiment, Bildungsgeschichte und zugleich deren Widerlegung, ein regionales und doch weltläufiges Buch – wahrlich ein Klassiker der Literatur des 20. Jahrhunderts. Nicht zuletzt ist er eine poetische Fundgrube für diejenigen, die in Erfahrung bringen wollen, wie die anonymen Strukturen und Funktionen der modernen urbanen Wirklichkeit verlaufen, aber der Roman bietet auch das im individuellen und kollektiven Gedächtnis gespeicherte Arsenal an Mythen, Erzählungen, Bildern, Motiven, Sätzen und Worten, die auch oder gerade heute die Wahrnehmung und das Verhalten des einzelnen überlagern und steuern.

Im Gegensatz zu der offensichtlichen Wertschätzung, die Döblins Buch zurecht in der Schule genießt, steht allerdings die Tatsache, daß es kaum Arbeiten gibt, die den Lehrern bei der Behandlung des Romans im Unterricht literaturdidaktische Hilfestellungen gewähren. In den einschlägigen Interpretationsreihen der Schulbuchverlage, die von Lehrern, Schülern und Studenten genutzt werden, findet sich keine Deutung zu Döblins BA.[3] Und auch bei Durchsicht der verschiedenen didaktischen Zeitschriften des Faches stellt sich eher ein ernüchterndes Ergebnis ein: Bestenfalls entdeckt man hier Anregungen, aber keine geeigneten Modelle für die Konzeption einer Unterrichtsreihe zu Döblins Roman. Offensichtlich tut man sich leicht, den Roman für den Unterricht zu empfehlen, aber ziemlich schwer damit, eine auch in literaturdidaktischer Sicht brauchbare Interpretation zu erstellen, die den Schülern bei der Lektüre des Romans über Verstehensschwierigkeiten hinweghilft und den Lehrern geeignete Bausteine für die Behandlung des Textes im Unterricht anbietet. Derzeitig sind Lehrer und Schüler zum größten Teil immer noch auf die sicherlich weitverzweigte Forschungsliteratur über Döblins Roman angewiesen. Doch praktikable Erkenntnisse für die konkrete Unterrichtsarbeit sind auch hier nur selten zu gewinnen, da häufig in ihr nur sehr spezielle Einzelaspekte des Textes behandelt werden.

Demgegenüber erinnert die vorliegende Monographie an Naheliegendes und Grundlegendes, zielt auf eine Gesamtinterpretation des Romans. Daß damit keine erschöpfende Deutung dieses facettenreichen Werkes gemeint sein kann, versteht sich von selbst. Noch nicht einmal annäherungsweise läßt sich ja in einer solchen Untersuchung die Vielfalt der Stilformen, Motive und Symbole erfassen, die der Autor in seinem Roman virtuos verwendet und gestaltet. Um der Praktikabilität willen orientiert sich die Arbeit daher ziemlich konsequent am Prinzip des Exemplarischen. Indem sie begründet auswählt und Elementarsituationen im Döblinschen Sinne analysiert, vermag sie Lehrern und Schülern sicherlich auch einen brauchbaren Überblick über die poetische Komposition und Realisierung des Romans, darüber hinaus aber auch Hinweise und Arbeitsgrundlagen zu seiner Behandlung auf der Oberstufe zu geben. Dabei wird sich zeigen, daß Döblins Werk, so heterogen und widerständig es zunächst erfahren wird, ein kunstvolles Erzählgewebe ist. Fast unerheblich ist es, von welchem Punkt bzw. Muster des Textgewebes man ausgeht, d. h. die Fäden zieht, um zu anderen Mustern zu gelangen, am Ende gewinnt man sicherlich dabei auch (Teil-)Ansichten der epischen Textur des Romans.

1
Voraussetzungen und Hintergrund

1.1
Der Dichter und seine Stadt – Döblin und Berlin

> In Stettin 1878 geboren, als Knabe nach Berlin gekommen, bis auf ein paar Studienjahre dauernd in Berlin ansässig und an dieser Stadt hängend. Gymnasialbildung, Medizinstudium, eine Anzahl Jahre als Irrenarzt, dann zur inneren Medizin; jetzt im Berliner Osten speziaärztlich praktizierend.[4]

Das ist der Beginn einer autobiographischen Skizze Döblins aus dem Jahr 1922. Hier rekapituliert der Autor Stationen seines bisherigen Lebens, in Worten und Sätzen, die in ihrer Knappheit und Kargheit, in ihrer Beschränkung auf das Notwendigste den Verfasser des BA schon ahnen lassen. Auf den ersten Blick ist daran nichts Ungewöhnliches – verschiedene Angaben eines Arztes, der in Berlin praktiziert, zu seinem Lebenslauf. Ihr Bedeutungsradius wird allerdings größer, wenn man bedenkt, daß dieser Arzt gleichzeitig Dichter ist und wenige Jahre später einen Roman von hohem literarischen Rang über die Stadt schreibt, mit der er sich hier so verbunden wähnt. Denn Berlin, der Ort, über den Döblin geschrieben hat, ist ja für ihn nicht allein der Ort seines Schreibens gewesen, sondern überhaupt der Nervenpunkt seiner Biographie. In Berlin hat er den größten Teil seines Lebens verbracht. In „dieser Gegend", schreibt er rückblickend, „hier im Osten Berlins, sitze ich nun schon, seit ich nach Berlin kam, seit vierzig Jahren. Hier bin ich zur Schule gegangen, es kamen kleine Lücken, Studienzeit, Assistentenzeit, Krieg, aber immer wieder ging es zurück zwischen Alexanderplatz und Jannowitzbrücke, später noch östlicher, bis nach Lichtenberg hinaus."[5]

In einem sozialen Sinne ist diese Stadt für Döblin sogar die Stadt seiner Geburt, besser: „Nachgeburt" gewesen (A 41). In dem Jahre, in dem Döblin als zehnjähriger Knabe mit seiner Mutter und seinen vier Geschwistern nach Berlin kommt, also im Jahre 1888, erfährt er die Ankunft in der fremden großen Stadt nachgerade als schmerzhaften Akt des Gebärens und Geborenwerdens, der ihm – in einem körperlichen und seelischen Sinne – nach höchster Anspannung am Ende Erleichterung und Erlösung zugleich bringt:

> Wir fuhren also von Stettin nach Berlin. Meine Mutter unterhielt sich im Zug mit Leuten, die die Stadt kannten. Unsere Gegend, die Blumenstraße, wurde sehr schlechtgemacht, da sind viele Fabriken und Rauch, das Gespräch war sehr lebhaft und in einem Fluß. Ich wagte nichts zu sagen, genauer, etwas zu fragen. Ich saß in Geburtswehen. Mir wurde bänglich und immer bänglicher. Es betraf meinen Bauch. Die Wehen nahmen an Heftigkeit zu. Und als wir uns den Häusern Berlins näherten, war ich am Ende meiner Kraft. Ich stand am Fenster, es war finster, spät abends. Ich gab nach. Das Kind war da, es lief in meine Hose, mir wurde wohler, ich stand in einer Pfütze. Dann setzte ich mich beruhigt [...] (A 41).

Döblins Resümee: „Wir hatten den Staub, ich auch das Wasser Stettins von uns geschüttelt. Denn da war uns etwas geschehen. Wir waren aus einem kleinen Paradiese vertrieben worden." (A 41).

Ein Paradies war es gerade nicht gewesen, aus dem die Familie vertrieben worden war. Vorausgegangen war der Vertreibung der familiäre „Sündenfall", ein traumatisches Kindheitserlebnis, das Döblin als seine lebensgeschichtliche Hypothek betrachtet hat und das ihn deshalb auch noch in späteren Jahren immer wieder beschäftigen sollte: Sein Vater, Inhaber eines Konfektionsladens und von Beruf Schneider, hatte sich 1888 mit einer Angestellten nach Amerika abgesetzt und die Familie mittellos zurückgelassen.

Die Ankunft in der Reichshauptstadt, und diese Situation ist zwar nicht identisch, aber durchaus vergleichbar mit dem Augenblick, in dem Biberkopf das Gefängnis in Tegel verläßt, wird Döblin zum „unvergeßbaren Erlebnis": irritierend und doch auch wieder beruhigend, verwirrend und dennoch monoton. Um zu ihrer neuen Wohnung zu gelangen, mußte die Familie in Berlin noch einmal umsteigen:

> Wir setzten uns in einen Zug, auf einem hellen Bahnhof. Der fuhr ab, durch die Nacht, fuhr ein paar Minuten, dann hielt er, und – wir waren wieder auf demselben Bahnhof. Ich glaubte mich zu irren. Aber das Spiel wiederholte sich zwei-, dreimal. Wir fuhren, derselbe Bahnhof kam, und nachher stiegen wir aus und waren bald zu Hause. Ob wir im Kreis gefahren sind? Aber warum und wozu, und schließlich sind wir doch angekommen. (A 41)

Die Großstadt als ein unlösbares Rätsel, als Kreislauf des ewig Gleichbleibenden, das waren die ersten Eindrücke des Kindes in der neuen Umgebung. Der rätselhafte Vorgang, den das kindliche Bewußtsein nicht begriff, sollte dem Autor erst später klar werden: Wir „waren Stadtbahn gefahren. Die Bahnhöfe sehen sich abends ähnlich in Berlin, besonders wenn man aus Stettin kommt." (A 41)

Als Döblin in Berlin ankam, hatte die Stadt 1,5 Millionen Einwohner. Das sollte sich nochmals beträchtlich ändern. Als Schüler, Student und später auch als praktizierender Arzt konnte Döblin in den kommenden Jahrzehnten – allerdings mit zeitweiligen Unterbrechungen – den raschen Wandel der Metropole unmittelbar miterleben: den rapiden Anstieg der Einwohnerzahl auf weit über drei Millionen in den zwanziger Jahren, die immense Bautätigkeit im Bereich des Alexanderplatzes, die rasante Entwicklung von Wirtschaft, Industrie, Technik, Handel und Verkehr. Daß diese massiven Veränderungen und Umstrukturierungen in der Stadt mit erheblichen sozialen Folgelasten verbunden waren, mit Wohnungsnot, einem Leben in Mietskasernen und Hinterhöfen, darüber hinaus mit der Verelendung eines großen Teils der Arbeiterschaft und des Kleinbürgertums, das hat der Autor am eigenen Leibe erfahren müssen:

> Das schrecklichste Ding, das ich sah, heißt Wohnungsnot; es nannte sich so. Es geht nichts über die bürokratischen Klischees. Die übertreffen den Dichter. Bis zu meinem vierzehnten Jahr habe ich selbst im Osten der Stadt, in einer fensterlosen Kammer, in einem Bett zusammen mit meinem jüngeren Bruder geschlafen. (Z 238)

Und auch die kassenärztliche Tätigkeit, die Döblin seit 1911 als Facharzt für Neurologie und Psychiatrie im Osten Berlins ausübte, ließ ihn die soziale Not und wirtschaftlichen Sorgen seiner Patienten, die überwiegend aus niedrigen gesellschaftlichen Verhältnissen, aus Arbeiter- und Angestelltenkreisen kamen, hautnah erleben. Hier lernte er in täglicher entfremdeter Arbeit Menschen kennen, die das Leben in der Großstadt stigmatisiert hatte und die an deren Rand gedrängt worden waren – ein soziales Umfeld mit einem gewaltigen Spannungspotential, das geradezu nach literarischer Aufarbeitung verlangte. Bezeichnenderweise war es dann auch gerade die ihn „erst fürchterlich abstoßende Tagespraxis" (A 20), die seiner literarischen Produktivität zum Durchbruch und Ausbruch verhalf.

Wie dem auch sei, jedenfalls ist die Metropole Berlin, die große „Menschenwerkstatt" mit ihren anonymen Kollektiven und ihren urbanen Lebensformen, ihren sozialen Problemen und Widersprüchen, für Döblins literarisches Schaffen ein Fundus an Motiven und Anregungen gewesen. Das zeigen nicht nur Anlage und stoffliche Realisierung des seinen Weltruhm als Schriftsteller begründenden BA, sondern das belegen auch die vielen kleinen Glossen, Skizzen, Essays und Reportagen, die Döblin als freier Journalist, vielfach unter dem Pseudonym „Linke Poot", Anfang der zwanziger Jahre für die Tageszeitung schrieb. Sein Verhältnis zu dieser Stadt, die Verwurzelung seiner geistig-sozialen Biographie in ihr, brachte der Autor in einer kleinen Notiz aus dem Jahre 1930 noch einmal auf den Punkt:

> Mein Denken und Arbeiten geistiger Art gehört, ob ausgesprochen oder nicht ausgesprochen, zu Berlin. Von hier hat es empfangen und erfährt dauernd seine entscheidenden Einflüsse und seine Richtung, in diesem großen, nüchternen Berlin bin ich aufgewachsen, dies ist der Mutterboden, dieses Steinmeer der Mutterboden all meiner Gedanken.[6]

Ohne diesen Nährboden sind die kühnen Entwürfe, Bilder und Visionen im BA kaum denkbar. Der Roman ist gleichsam eine Art Sammelbecken für die mannigfaltigen Wahrnehmungen, Erfahrungen und Begegnungen des Arztes und Dichters Döblin in der Stadt gewesen: „Das Ganze hat mächtig inspiratorisch belebende Kraft. Hier bin ich Mensch, darf ichs sein. Ich schwindle nicht: diese Erregung der Straßen, Läden, Wagen ist die Hitze, in die ich mich schlagen lassen muß, wenn ich arbeite, das heißt eigentlich immer. Das ist das Benzin, mit dem mein Wagen läuft."[7]

Das euphorische Bekenntnis des Dichters zu seiner Stadt – „Berlin ist wundervoll" (M. 10) – macht deutlich, daß man den BA gründlich mißversteht, wenn man ihn etwa im Sinne des frühen Expressionismus als eine globale Kritik an der Großstadt und ihrer unmenschlichen zivilisatorischen Maschinerie liest. Sicherlich, Berlin ist chaotisch und undurchdringlich, bedrängend und gewalttätig, irritierend und angsteinflößend, doch gleichzeitig auch, und das ist für Döblin entscheidend, faszinierend, manchmal geradezu lustvoll zu erfahren. Hier in den Straßenschluchten, im „Strom der flanierenden Menschen" (M 9) fühlt er sich – im Kontrast zu dem betulichen Leben in den winzigen Landstädtchen und den „schauderhaft idyllischen Großdörfchen" – in seinem eigentlichen Element. Hier kann er nach Herzenslust auf Entdeckungsreisen gehen, sich vom Strom der Menschen mitreißen lassen, sehen und hören, recherchieren und notieren: „Vierunddreißig Jahre laufe ich hier herum, immer neugierig, beobachtend, wie sich das bewegt, und wie es sich ruckartig entwickelte. Das zuckte durch alle, man konnte nicht still dabei bleiben, man mußte daran teilnehmen." (M 10).

Insbesondere die Gegend östlich um den Alexanderplatz hat Döblin immer wieder erkundet, nicht um das Spektakuläre, die großen Sehenswürdigkeiten, sondern das Nebensächliche und Gewöhnliche in seinen Eigenheiten zu studieren: „Ich gehe prinzipiell in die Seitenstraßen, in die ‚schlechten' Lokale, dann noch in die Geschäfte, Warenhäuser, ungern in die Theater. Ich habe keine Zeit für die internationale Einöde." (Z 190)

Ein großer Teil der schon angesprochenen Kurzprosa vor 1928, Döblins Impressionen, Berichte und Notizen über die Stadt, sind fraglos als Etüden vor der großen Großstadtsinfonie, als Vorarbeiten zu seinem Roman zu sehen. „Mit der gestopft vollen 68 die Brunnenstraße herauf am Stettiner Bahnhof vorbei." So beginnt etwa die Skizze „Die nördliche Friedrichstraße". Und im weiteren Verlauf des Textes heißt es:

> Die Linienstraße vom Osten her. Nahe der Ecke das schicksalsreiche Theaterchen ‚Jolies Caprices'. Im selben Haus das ‚Mäusepalais'. Stets soll nur dir, nur dir mein Lob erschallen. Das ist ein blanker, hübscher Ballsaal mit hübscher Musik und billiger Schorle-Morle. Da sitzen abends die jungen Kavaliere und die Mäuschen. Die netten Mädelchen, Ausläuferinnen, Verpackerinnen, Portierssprößlinge, die kleine Konfektion, alles adrett und munter. Sie tanzen gut, schwindeln höllisch, sind stets aus Düsseldorf oder München, rauchen gern und finden ihr Portemonnaie nicht. (M 18).

So oder ähnlich könnte diese Textstelle auch im BA zu finden sein, und zwar nicht nur aufgrund des Milieus, das hier geschildert wird. Unverkennbar sind die Gemeinsamkeiten in Sprache und Stil: die Aufzählung und Collage, die kurzen, parataktisch gefügten Sätze, der staccatohafte Rhythmus.

1.2
Döblins Romantheorie – Vom „Berliner Programm" (1913) bis zum „Bau des epischen Werks" (1928)

Die Art des sprachlichen und poetischen Zugriffes, die Döblins Schreiben prägt, ist sicherlich nicht zufällig. Sie ist in den vielen Jahren vor Abfassung dieser Skizzen und der Entstehung des BA vom Autor sorgfältig entwickelt und erprobt worden. Und genau das ist die zweite Seite der Erfahrungen des Großstadtmenschen Döblin: Die große Stadt ist nicht nur stofflicher Rekrutierungsbereich für den Dichter gewesen, ein Lieferant an Themen, Ideen, Motiven und Episoden, sondern das Leben in ihr hat die Strukturen seines Bewußtseins selbst geprägt. Das heißt: So wie dieses Bewußtsein die Großstadtwelt wahrnimmt, Gedanken über sie verfertigt und gestaltet, sie literarisch verarbeitet und fixiert, ist es immer schon großstädtisches Bewußtsein. Die Grenzen der Stadt sind die Grenzen seiner Sprache, seines Stils. „Man muß wissen", so hat es Döblin anläßlich einer Besprechung von Joyce *Ulysses* formuliert, „daß Kunstformen zusammenhängen mit einer gewissen Denkweise und einem allgemeinen Lebensmilieu. Darum werden Formen dauernd überholt."[8]

In steter Wechselwirkung von Dasein und Schreiben, von poetischem Experiment und poetologischer Reflexion hat Döblin die sprachlichen und ästhetischen Produktivkräfte entwickelt, die dem BA eine unverwechselbare poetische Gestalt verliehen haben. Bleibt die Frage, wie der Verfasser im Laufe von gut 15 Jahren zu den komplexen Erzähl-, Stil- und Sprachformen des Romans gefunden hat. Diese Frage zu beantworten heißt, die Entwicklung der Döblinschen Romanpoetik in ihren verschiedenen wichtigen Stationen nachzuzeichnen.

Ausgangspunkt der Döblinschen Reflexionen über den Roman ist das Unbehagen, ja die Kritik am konventionellen Roman, an seinem „Erzählschlendrian", der sich in der Personalisierung und Psychologisierung von Handlungsabläufen äußert. Apodiktisch fordert er in seinem „Berliner Programm" von 1913, das sich bezeichnenderweise an Romanautoren und ihre Kritiker[9] wendet, daß die Hegemonie des Autor-Erzählers gebrochen werden müsse, damit die Bevormundung des Lesers durch ihn ein Ende habe. Der letztere allein soll in völliger Unabhängigkeit wahrnehmen, verstehen und urteilen, nicht das Ichbewußtsein des Autors. Das setzt für Döblin voraus, daß der Autor radikal seine auktorialen Ansprüche gegenüber dem, was er gestaltet hat, aufgeben muß, also völlig in den fiktionalen Abläufen des Romans zu verschwinden habe: „zugunsten eines sich selbst steuernden narrativen Prozesses"[10]. „Entselbstung", „Entäußerung des Autors", „Depersonation", das sind die Stichworte, mit denen Döblin diesen Prozeß begrifflich zentriert. Sein rigoroses Fazit: „Ich bin nicht ich, sondern die Straße, die Laternen, dies und dies Ereignis, weiter nichts. Das ist es, was ich den steinernen Stil nenne." (L 18) Nicht nur hier zeigt sich schon bis in die Diktion, in die Wortwahl und Metaphorik hinein der Großstadtpoet, der darum bemüht ist, für die neuen Erfahrungen innerhalb der Großstadt angemessene ästhetische Formen zu entwickeln, die dem Kriterium der Objektivität genügen: Statt seichter Erlebnis- und Handlungspsychologie die Wucht des Realen, Faktischen, statt ausladender Rhetorik und ornamentaler Artistik die einfache erzählende, darstellende Rede.

Die Emphase und Programmatik der Döblinschen Äußerungen könnten zu dem Schluß verleiten, daß der Autor hier einem kruden Objektivismus das Wort rede, das heißt, die platte Abbildung einer entseelten Realität propagiere. Das ist indes nicht der Fall. Die Realität ist für ihn noch ungesichert, unbestimmt und unerkannt, ist durch virtuose Anwendung ästhetischer Techniken erst noch schreibend zu entdecken. Sie ist durch „psychologische Manier" (L 16), durch abstrakten Rationalismus verdünnt, verwässert und verzerrt. Um ihrer Komplexität, ihrer lebendigen Totalität in ihren mannigfaltigen Abläufen, Momenten, Bewegungen gerecht zu werden, muß der Autor selbst zum Durchgangsort, zum Medium werden, das ständig durch Stoffe und Fakten erregt und bewegt wird. Damit ist genau das umschrieben, was Döblin im „Berliner Programm" als „kinetische Phantasie" oder „Tatsachenphantasie" (L 19) bezeichnet hat. „Was lebendig an mir ist", so hatte Döblin schon einige Jahre früher pointiert formuliert, „ist in der Welt".[11]

Wer Wirklichkeit also als lebendige Totalität erfassen will, in der „jeder Augenblick unseres Lebens eine vollkommene Realität ist, rund, erfüllt" (L 21), der muß nach Döblin auch mit dem herkömmlichen Erzählverfahren, „mit Schaumschlägerei", ästhetischem „Gequirle, Geschwafel eines doktrinären, gelangweilten

Autors" (L 16) Schluß machen. Und das zeitigt nach seiner Auffassung bedeutende Konsequenzen für die epische Arbeit:

> Die Darstellung erfordert bei der ungeheuren Menge des Geformten einen Kinostil. In höchster Gedrängtheit und Präzision hat ‚die Fülle der Gesichte' vorbeizuziehen. Der Sprache das Äußerste der Plastik und Lebendigkeit abzuringen. Der Erzählschlendrian hat im Roman keinen Platz; man erzählt nicht, sondern baut. Der Erzähler hat eine bäurische Vertraulichkeit. Knappheit, Sparsamkeit der Worte ist nötig; frische Wendungen. Von Perioden, die das Nebeneinander des Komplexen wie das Hintereinander noch zusammenzufassen erlauben, ist umfänglicher Gebrauch zu machen. Rapide Abläufe, Durcheinander in bloßen Stichworten; wie überhaupt an allen Stellen die höchste Exaktheit in suggestiven Wendungen zu erreichen gesucht werden muß. Das Ganze darf nicht erscheinen wie gesprochen, sondern wie vorhanden. (L 17).

Von solcher Programmatik des frühen Döblin, von seinen Forderungen nach Knappheit und Präzision, nach Schichtung und Häufung, nach Kinostil und Simultaneität, sind auch noch die ästhetische Anlage und sprachliche Realisierung des BA bestimmt. Dessen Realitätspräsenz, in erster Linie die erzählte und montierte Großstadt, verdankt sich nicht zuletzt der Aktualisierung der hier erstmals in ihren mannigfaltigen sprachlichen und poetischen Möglichkeiten skizzierten „Tatsachenphantasie".

Und dennoch – trotz solcher offensichtlichen Analogien und Bezüge zwischen dem „Berliner Programm" und dem BA – ist immer wieder darauf verwiesen worden, daß die ästhetische Position zum Roman, die Döblin am Ende der zwanziger Jahre in seinem bekannten Vortrag „Der Bau des epischen Werks" vertreten und die er in dem etwa gleichzeitig verfaßten BA erprobt habe, mit seinen radikalen naturalistischen Forderungen von 1913 nicht vereinbar sei, ihnen sogar in entscheidenden Punkten widerspreche. Vor allem in Döblins Neueinschätzung und Aufwertung der Erzählerrolle glaubte man den entscheidenden Dissens zu den früheren romantheoretischen Anschauungen des Autors, d. h. den eigentlichen Bruch in der Entwicklung seines poetologischen Denkens zu erkennen: Der ehemals verbannte Autor-Erzähler sei hier wieder zurückgekehrt und habe neues Ansehen erlangt. Das ist indes, wie eine genauere Prüfung der Texte zeigt, zu undifferenziert.

„Darf der Autor", so fragt Döblin vorsichtig in seinem Essay an, „im epischen Werk mitsprechen, darf er in diese Welt hineinspringen? Antwort: ja, er darf und er soll und muß." (L 114). Er soll sich einmischen, soll teilnehmen am Leben seiner Figuren. Und genau dies geschieht ja auch im BA. Wie wir noch sehen, werden hier die auktorialen Möglichkeiten der Erzählerrolle sehr weit ausgeschöpft, wird der Leser ständig mit einem kommentierenden, wertenden, deutenden Autoren-Ich konfrontiert. Damit scheint die frühere Position Döblins, daß der Dichter sich unter Ausschluß des Erzählers allein der „entseelten Realität" zu bemächtigen und sich gleichsam in den konkreten Vorgang selbst zu verwandeln habe, historisch obsolet zu sein. Das ist allerdings nicht der Fall. Döblins poetologisches Denken, so muß immer wieder betont werden, ist nicht ergebnis-, sonder prozeßorientiert:

> „Ich gestehe selbst", rekapituliert er den Prozeß seiner epischen Praxis und seiner poetologischen Reflexionen über den Roman, „ich habe unbändig gehuldigt dem Bericht, dem Dogma des eisernen Vorhangs. Nichts schien mir wichtiger als die sogenannte Objektivität des Erzählers. Ich gebe zu, daß mich noch heute Mitteilungen von Fakta, Dokumente beglücken, aber Dokumente, Fakta, wissen Sie, warum? Da spricht der große Epiker, die Natur, zu mir, und ich, der kleine, stehe davor und freue mich, wie mein großer Bruder das kann. Und es ist mir so gegangen, als ich dies oder jenes historische Buch schrieb, daß ich mich kaum enthalten konnte, ganze Aktenstücke glatt abzuschreiben, ja ich sank manchmal zwischen den Akten bewundernd zusammen und sagte mir: besser kann ich es ja doch nicht machen [...] Aber man ist nicht ein ganzes Leben lang fähig, diesen Standpunkt innezuhalten. Eines Tages entdeckt man auch etwas anderes neben der Rhône, den Tälern und den Nebenflüssen: man entdeckt sich selbst. Ich selbst – das ist das tollste und verwirrendste Erlebnis, das ein Epiker haben kann. Es sieht zuerst aus, als ob es das Erlebnis ist, das ihm das Genick brechen wird. (L 113/114)

Döblin hat seine frühere Position also nicht einfach negiert, sondern nur dialektisch weiterentwickelt, gleichsam im Kontext neuer Erfahrungen aufgehoben: „Der wirkliche Dichter", formuliert der Autor bündig, „war zu allen Zeiten selbst ein Faktum." (L 115).
Daß mit der Einführung der Erzählerrolle der Prozeß der „Depersonation" von Döblin nicht aufgehalten ist, wird deutlich, wenn man diese neuen Erfahrungen des Autors im Zusammenhang

mit seinen anthropologischen Überlegungen zu konkretisieren sucht. Im Rahmen seiner naturphilosophischen Spekulationen findet Döblin Mitte der zwanziger Jahre zu einer neuen Konzeption vom Menschen. Nach seiner Auffassung ist dieser in seinem Wesen mehrschichtig:

> [...] als ‚Natur-Ich' abhängig von seinen tierischen, pflanzlichen, ja mineralischen Bestandteilen; als ‚Passions-Ich' eingebettet in die menschliche Umwelt, abhängig von Tradition, Geschichte, Moral mit der Tendenz eingeschmolzen zu werden in die Masse; als ‚Privat-Ich' aber ein unverwechselbares Individuum mit dem Recht und der Pflicht zum Umgestalten und Überformen des Vorgefundenen.[12]

Dieses neue Menschenbild Döblins, sein spekulativer Versuch, die rezeptiven und produktiven Dispositionen, die bewußten und unbewußten Momente des Menschen zusammenzudenken, prägt unzweifelhaft auch seine neuen romantheoretischen Überlegungen; ihm entsprechen aber auch, wie wir noch sehen werden, die ästhetischen Produktivkräfte, die er in seinem BA entwickelt.

1.3
Die Entstehung des Romans

Die ständigen Bemühungen Döblins um Konstitutionsfragen des epischen Kunstwerkes, seine Bereitschaft, das, was er gedanklich vorbereitet und entwickelt hatte, in eigenen poetischen Versuchsreihen, in Skizzen, Erzählungen und Romanen episch zu erproben und von ihnen her wiederum Anregungen für die eigenen poetologischen Reflexionen zu erhalten, zeigen, daß der literarische Weg, der ihn zum BA geführt hat, ziemlich eigenständig war. Das ist deshalb zu betonen, weil von bestimmten Kritikern und Literarhistorikern immer wieder der Einfluß von Joyce' *Ulysses* auf Döblins Roman geltend gemacht worden ist. Und in der Tat, im Sujet, in der Anlage und in der ästhetischen Gestaltung weisen beide Romane verblüffende Parallelen auf. Der Autor selbst hat den Einfluß, den der Roman des Iren auf ihn ausgeübt hat, auch nie bestritten, sich aber nachdrücklich gegen die Behauptung einer Abhängigkeit von Joyce zur Wehr gesetzt. Mit Recht hat er darauf verwiesen, daß er und Joyce, was die Anwendung bestimmter ästhetischer Techniken, etwa die Verwendung des inneren Monologes oder der Montagetechniken angeht, gemeinsame Ahnen haben: den Futurismus, Expressionismus, Dadaismus. Das ist, wie wir gesehen haben, durchaus zutreffend und wird auch durch die Chronologie der Entstehungs- und Wirkungsgeschichte der beiden Romane erhärtet: Der *Ulysses* wurde 1922 vom Autor publiziert und lag Ende 1927 in deutscher Übersetzung vor. In diesem Jahr wird Döblin den Roman wohl auch erstmals kennengelernt haben; wenige Monate später hat er ihn dann ausführlich rezensiert. Der Tenor seiner Besprechung ist außerordentlich positiv. Fasziniert ist der Rezensent vor allem von der Radikalität der Romangestaltung. Für ihn ist dieser Roman der bislang „energischste Versuch, dem heutigen Alltag auf den Leib zu rücken" (L 289).

Als Döblin den Roman las und die Rezension schrieb, steckte er allerdings schon mitten in der Arbeit am BA. „Ich habe Joyce", erinnert er sich später, „nicht gekannt, als ich das erste Viertel des Buches schrieb. Später hat mich sein Werk, wie ich auch öfter gesagt und geschrieben habe, entzückt, und es war ein guter Wind in meinen Segeln. Dieselbe Zeit kann unabhängig voneinander Ähnliches, ja Gleiches an verschiedenen Stellen erzeugen." (M 44).

Ungleich bedeutender als die Frage nach möglichen literarischen Einflüssen und Anregungen ist sicherlich die nach der Entstehung des Romans. Verwiesen wurde schon auf das Verhältnis des Dichters zu seiner Stadt: Berlin, sein Milieu, seine Subkulturen, seine Bewohner und seine Sprache, umfassend erfahren in ärztlicher Praxis und vielfach literarisch reflektiert in den Stadtansichten einzelner Erzählungen und Romane, in den Glossen und Artikeln für Tageszeitungen, sind der stoffliche Rekrutierungsbereich für Döblins Roman. Diese enge Verflechtung von Biographie und Werk, von städtischem Leben und Schreiben, macht die Suche nach einer poetischen Initialzündung bzw. nach einer literarischen Keimzelle des BA von vornherein fragwürdig. 1932 schreibt der Autor dem Zürcher Lesezirkel:

> Es wäre eine lange Geschichte zu erzählen, wie ich zum Stoff und zu dem Grundmotiv des Buches kam. Hier will ich nur sagen: mein ärztlicher Beruf hat mich viel mit Kriminellen zusammengebracht. Ich hatte auch vor Jahren eine Beobachtungsstation für Kriminelle. Von da kam manches Interessante und Sagenswerte. Und wenn ich diesen Menschen und vielen ähnlichen da draußen begegnete, so hatte ich ein eigentümliches Bild von dieser unserer Gesellschaft: wie es da keine so straffe

formulierbare Grenze zwischen Kriminellen und Nichtkriminellen gibt, wie an allen möglichen Stellen die Gesellschaft – oder besser das, was ich sah – von Kriminalität unterwühlt war. Schon das war eine eigentümliche Perspektive. (M 43)

Die Anmerkung läßt die Vermutung zu, daß der Roman vom Verfasser zunächst als Kriminal- oder Verbrechergeschichte projektiert war. Plausibel wird dieses Ausweichen des Autors auf ein populäres Sujet vielleicht auch durch den finanziellen Mißerfolg des exotischen „Manas", einer epischen Dichtung in freien Rhythmen, die Döblin 1927, also noch während der Entstehungszeit des BA, publiziert hatte.

Der BA ist zwischen 1927 und 1929 entstanden. Vermutlich hat Döblin in der zweiten Hälfte des Jahres 1927 mit seiner Niederschrift begonnen. In dieser frühen Phase hat er auch schon poetisch „mit Schere und Kleister" gearbeitet, hat er montiert und collagiert, Materialien und Dokumente aus Zeitungen ausgeschnitten, Berichte, Ansichtskarten, Briefe, Ausschnitte aus Kitschromanen gesammelt und teilweise in sein Manuskript geklebt. Weitere Materialien sind im Laufe der Zeit hinzugekommen; gradweise hat sich der Roman bis zu seiner Endfassung dem Faktischen gebeugt und „mit Wirklichkeit angesättigt".[13]

Die erste zusammenhängende Niederschrift des Romans, das sogenannte Marbacher Manuskript, hat zwar schon die Aufteilung in neun Bücher, ihm fehlen aber noch die Kapitelüberschriften, der Romanprolog und die jeweiligen Vorreden zu den einzelnen Büchern (außer zu Buch IX). Das mag seine Ursache vielleicht darin haben, daß die mit der Entdeckung des Ich als Faktum einhergehende Einführung der Erzählerrolle, wie sie Döblin später in seinem Essay „Der Bau des epischen Werkes" skizziert hat, für ihn produktionsästhetisch zu diesem Zeitpunkt noch nicht akut war. Vornehmlich äußert sich der auktoriale Erzähler ja in den Kapitelüberschriften und Vorreden zu den einzelnen Büchern. Im übrigen unterscheidet sich diese frühe Fassung noch in vielen, hier nicht im einzelnen aufzuzeigenden Details von der Endfassung. Diese weist auch einen völlig anderen Schluß auf.

Identisch mit dem Schluß der Druckfassung ist aber das Ende eines Vorabdrucks des Romans, der 1928 in mehreren Fortsetzungen in der Frankfurter Allgemeinen Zeitung erschien. Er ist vielleicht der interessanteste von mehreren Teilvorabdrucken, die Döblin im gleichen Jahr veröffentlichte, da er, obgleich er nur einen stark verkürzten Text bietet, der – handlungsorientiert – auf die Bedürfnisse von Zeitungslesern zugeschnitten ist, vermutlich auf einer der endgültigen Druckfassung sehr nahestehenden Vorlage beruht. Das ergibt sich – bei aller Simplifizierung des Textes – aus zum Teil wörtlichen Übereinstimmungen dieses Vorabdrucks mit der Buchversion.

Auch wenn man nicht mit letzter philologischer Akribie die komplexe und komplizierte Entstehungsgeschichte des Romans nachzeichnet, wird die offene Schreibweise des Autors deutlich, sein fortwährendes Suchen „nach neuen Möglichkeiten eines wirklichen epischen Stils"[14]. Döblins poetische Arbeiten am BA entspringen dem Augenblick momentaner darstellerischer Subjektivität und Spontaneität. Nicht zuletzt belegen das die verschiedenen Entwürfe zum Prolog, die vielen Fassungen, Varianten, Notizen, Materialien aus der Entstehungsgeschichte des Werkes. Und auch Döblins Problem, einen adäquaten Schluß für seinen Roman zu finden, verweist darauf, wie schwer er sich letztlich tat, den Roman endgültig abzuschließen, wie es der literarische Markt nun einmal forderte. Es ist ein Arbeiten ohne dezidierte Planung und festes Ziel.

„Und woran ich jetzt ging", rekapituliert er die Genese des BA, „nach dem indischen *Manas*, das war Manas auf berlinisch. Ich hatte keinen besonderen Stoff, aber das große Berlin umgab mich, und ich kannte den einzelnen Berliner, und so schrieb ich wie immer ohne Plan, ohne Richtlinien drauflos, ich konstruierte keine Fabel; die Linie war: das Schicksal, die Bewegung eines bisher gescheiterten Mannes.
Ich konnte mich auf die Sprache verlassen: die gesprochene Berliner Sprache; aus ihr konnte ich schöpfen, und die Schicksale, die ich gesehen und miterlebt hatte, und meines dazu garantierten mir sichere Fahrt." (M 46)

Die Sprache, die exakte Kenntnis der Umwelt, die Selbsterfahrung, das ist Döblins Reisegepäck gewesen, mit dem er sich auf eine literarische Fahrt begeben hat, die – bei aller Sicherheit – seiner Spontaneität, Improvisationslust und Neugierde soviel Raum ließ, daß er auf ihr auch neue Erfahrungen machen konnte. „Ich brauche", sagt er, „von Tag zu Tag die Überraschung, was morgen kommt; man spannt sich so durch die Arbeit, abenteuert sich durch, sonst wäre sie gar zu unleidlich." (M 135) So experimentiert er bei der Abfassung des BA mit poetischen Formen und Inhalten, reduziert, korrigiert, ergänzt und kombiniert, aktiviert verbrauchte Sprachelemente, indem er sie in neue Kontexte stellt, erzeugt überraschende Analogien zwischen erzählten und vorgefundenen Texten. Und immer ist der Ausgang solcher Experimente für ihn offen. Daher lassen sich auch kaum, überblickt man die gesamte Entstehungsgeschichte des Romans von der ersten Niederschrift bis zur Druckfassung, eindeutige Entwicklungslinien in der Auseinandersetzung Döblins mit seinem Werk herausarbeiten. Erkennbar sind allerdings Ambivalenzen und Spannungen, die, wie wir noch sehen werden, den Roman in seiner poetischen Gestaltung und Problembehandlung grundlegend bestimmen: Auf der einen Seite wird das Bestreben des Autors deutlich, sich als Erfindender und Erzählender entbehrlich zu machen, d. h., gleichsam einen medialen Erzählprozeß in Gang zu bringen, der von der Macht des Faktischen gesteuert wird. Dies hat dazu geführt, daß manche umfangreiche Erzählpassage von ihm gekürzt und neues Faktenmaterial aus dem Erfahrungshorizont der Stadt in den Textprozeß interpoliert wurde. Auf der anderen Seite bekundet er aber auch, wie die spätere Einrichtung der Vorreden und Kapitelüberschriften dokumentiert, zunehmend auktoriales Interesse an der Geschichte des einzelnen als Repräsentanten bestimmter Einstellungen zur Welt. Noch in den verschiedenen Entwürfen zum Romanprolog teilt sich diese Ambivalenz zwischen dem einzelnen und dem Kollektiv, zwischen der Figur Biberkopf und dem Sujet Großstadt mit.[15]

2
Hermeneutische Dispositionen

2.1
Die Ambivalenz von Titel und Untertitel

Titel, Untertitel und Titelbild von literarischen Texten erfüllen für die Leser wichtige hermeneutische Funktionen. Sie wecken Erwartungen, klassifizieren das jeweilige Werk, rufen poetologische Konventionen ab, knüpfen an stoffliche oder literarhistorische Traditionen an oder weichen gerade von diesen ab. Damit bieten sie den Rezipienten zumindest erste Informationen darüber an, wie der Autor eventuell seinen Text verstanden wissen will. Dies gilt „cum grano salis" auch für Döblins BA.

Der Titel des Romans ist statuarisch angelegt, bezeichnet den zentralen Ort des Geschehens, in einem weiteren Sinne das Panorama der Großstadt als kollektives, vielfältiges Neben- und Miteinander von Menschen. In ihm verdichtet sich die poetologische Absicht Döblins: BA soll Großstadtroman sein, soll städtische Wirklichkeit episch zeigen als einen Komplex von Häusern, Straßen und Plätzen, als ein chaotisches Überraschungsfeld von verwirrenden Geräuschen und irritierenden Bildern, aber auch als geordnetes System von Verbindungen und Funktionen, von menschlichen Beziehungen und Transaktionen.

Das, was der Autor mit seinem Titel dem projektierten Text stofflich und poetologisch aufbürdete, wollte der Verleger des Romans aus kommerziellen Erwägungen dem avisierten Leserkreis nicht unbedingt zumuten. Den Roman einer Großstadt zu schreiben bzw. die Stadt zum „Protagonisten" eines Romans zu machen, so wie der Autor das offensichtlich plante, das schien doch allzusehr den konventionellen Kennzeichen der Gattung zu widersprechen. War das überhaupt möglich? Konnte eine Stadt überhaupt in einer Geschichte erzählt werden? Wo blieb dabei die Einzelpersönlichkeit mit ihrem besonderen Schicksal? Angesichts solcher virulenten Fragen konnten Konsequenzen nicht ausbleiben: Auf Betreiben seines Verlegers hat Döblin den Titel verändert, ihn zum Doppeltitel erweitert: „Es wurde", erinnert sich der Verfasser, „*Berlin Alexanderplatz* [...] und ich mußte als Untertitel dazusetzen *Die Geschichte vom Franz Biberkopf*". (M 45).

Damit entsprach der Autor vermutlich am ehesten noch dem Erwartungshorizont eines Publikums, das den Roman primär als Geschichte des einzelnen in Auseinandersetzung mit einer bestimmten gesellschaftlichen Umwelt, eben hier mit der Großstadt Berlin, verstand. Mochte Döblin an dem neuen, ihm freilich aufgezwungenen Titelmuster allenfalls noch ein Spannungsverhältnis von Titel und Untertitel, von Kollektiv und einzelnem, Stadt und Geschichte wahrnehmen, so wollte er doch nicht – und das erklärt vielleicht sein Unbehagen gegenüber dem neuen Titelvorschlag – beide Elemente als gleichwertig anerkennen. Die Stadt, das Kollektiv, ist für ihn das primäre; mit ihren Schichten und Geschichten ist sie schon vor dem einzelnen, vor Franz Biberkopf da. Dieser kann häufig nur auf sie reagieren, muß sie aushalten; falls er in ihr überleben will, muß er sich verändern. Sie treibt seine Geschichte hervor, und in ihr versickert sie wieder. Döblin hat also keinen konventionellen Bildungsroman geschrieben, auch keinen psychologisierenden Handlungsroman. Er will keine Geschichte erzählen, weder die einer Epoche noch die eines Helden, so als ginge es hier um „einen Prozeß entelechischer Entfaltung."[16] Er will eine Stadt episch entstehen lassen, in Schichten und Geschichten, will aufzählen und erzählen, städtisches Leben lyrisch, episch und dramatisch vergegenwärtigen, es in Texten und als Texte präsentieren. Dabei ist er bemüht, und das allein rechtfertigt die Konzeption von Titel und Untertitel, das, was er berichtet und erzählt, was er findet und erfindet, in eine Sphäre des Wahren, Bedeutungsvollen zu rücken. Mit anderen Worten: Die Großstadt Berlin soll anhand eines fiktiven Fallbeispieles, des Falles von Franz Biberkopf, „exemplarisch" werden. An ihm bzw. an dem, was er wahrnimmt und denkt, was er tut und läßt, sollen Elementarhandlungen des Menschen in kollektiven urbanen Verhältnissen deutlich werden (vgl. Mat. 6). Allein diese manchen ihn gegenwärtig, allgemeingültig und attraktiv für den Leser. „Denn der Mann", schreibt Döblin, „von dem ich berichte, ist zwar kein gewöhnlicher Mann, aber doch insofern ein gewöhnlicher Mann, als wir ihn genau verstehen und manchmal sagen: wir könnten Schritt um Schritt dasselbe getan haben wie er und dasselbe erlebt haben wie er" (191). Dem Dichter geht es also primär „um Grundsituationen, Elementarsituationen des menschlichen Daseins" (L 106). In dieser Hinsicht ähnelt das Titelmuster des Romans durchaus den emblematischen

Doppeltiteln des Barockzeitalters: Flächenhaft präsentiert der Titel das Thema des Romans als „inscriptio", die Geschichte des Franz Biberkopf ist sein „exemplum". „Laß sehen", so umschreibt es denn auch Döblin, „wie er sich verhält und wie von ihm aus unsere Existenz aussieht." (M 45)

2.2
Titelbilder

Das ambivalente Verhältnis von Titel und Untertitel hat zweifellos die Geschichte der Lektüren des Romans maßgeblich mitbestimmt, hat, je nachdem, ob man sich als Leser auf das kollektiv organisierte Panorama der Großstadt oder auf die fingierte Lebensgeschichte konzentrierte, zu polaren Verstehensansätzen geführt. Recht aufschlußreich ist in diesem Zusammenhang auch der Vergleich des Schutzumschlages der Erstausgabe von 1929 und der Titelbild-Illustration der Taschenbuchausgabe des Romans aus dem Jahre 1965. Text und Grafik des Umschlages der Erstausgabe beziehen sich allein auf den Untertitel, auf die individualistisch konzipierte Romanfabel, lassen in Kurzform das Schicksal Biberkopfs Revue passieren, legen dem Leser also nahe, daß er sich bei der Lektüre des Romans auf eine Art Lebensgeschichte einzustellen habe, deren Kohärenz durch Kausalität und Finalität gewahrt bleibe.

„Von einem einfachen MANN wird hier erzählt, der in BERLIN am ALEXANDERPLATZ als Straßenhändler steht. Der MANN hat vor, anständig zu sein, da stellt ihm das Leben hinterlistig ein Bein" (M 54). So beginnt der Klappentext. Damit kontrastiert das als Collage arrangierte Umschlagbild der Taschenbuchausgabe von Celestino Piatti. Sie vermittelt, kaleidoskopartig gebrochen, Gesichter bzw. Ansichten der Zeit, in der der BA geschrieben und publiziert wurde. Geboten werden in Schrift und Bild, anhand von Fotos und Zeichnungen Phänomene und Menschentypen, wie sie das geschichtliche Bild der zwanziger Jahre prägen: das Kinoplakat als ikonographisches Zeichen für die zunehmende Bedeutung der Filmindustrie, der Zeitungsausschnitt für die Relevanz der Massenpresse, die Statistik als Indikator für die Quantifizierung und Funktionalisierung von Verwaltung und Wirtschaft, der Prolet mit der Schirmmütze und das Girl aus der

Modezeitschrift. Die Möglichkeiten, die das Collageprinzip hier bietet, nämlich das Nahe und Ferne gleichzeitig zu sehen, das gänzlich Unvereinbare zusammenzusetzen, das, was zusammengehört, zu trennen, Abstraktes und Konkretes miteinander zu verbinden, wird hier von Piatti umfassend genutzt. So ist seine Grafik Verweis auf das, was Döblin in seinem Roman praktiziert, wenn er sprachlich Vorgeformtes zitiert und zusammenbaut.

3
Der Erzähler

3.1
Der Romanprolog

Die Lektüre der Vorrede des Romans scheint die sich im Verhältnis von Titel und Untertitel andeutende Polarisierung von Geschichte und Montage, individuellem Einzelschicksal und kollektivem Ort zunächst einmal nicht zu bestätigen. In ihr meldet sich sogleich das Autor-Ich zu Wort, die Faktizität und Gegenwärtigkeit dessen herausstellend, was das Buch dem Leser zu berichten hat. Sachlich, nüchtern und zupackend ist seine Sprache. Ohne Umschweife exponiert es die Hauptfigur und den Ort des Geschehens. Offenbar ist es allein an der Geschichte dieses Franz Biberkopf interessiert, gibt es, indem es Ausgangsposition und Ziel des Protagonisten in ihr bezeichnet, die Rahmenbedingungen vor, unter denen sie sich vollzieht: Biberkopf wird aus dem Gefängnis entlassen und will fortan anständig sein.

Den Gestus unprätentiöser Berichterstattung, den der erste Abschnitt der Vorrede noch suggeriert („Dies Buch berichtet") (7), gibt der Autor allerdings im folgenden auf. In dem Maße, wie er im weiteren Verlauf der Vorrede mit wenigen Strichen die Entwicklung des „Helden" skizziert und dabei darlegt, was Biberkopfs Lebensplanung durchkreuzt, was ihm widerfährt, was ihn „stößt", „schlägt" und „torpediert" (7) und wie er sich dennoch zu behaupten versucht, scheint er in die Rolle des auktorialen Erzählers schlüpfen zu wollen: Er kommentiert und bewertet, macht Anspielungen und deutet voraus. So gibt er sich zumindest stellenweise in diesem Prolog schon als überlegener Erzählregisseur zu erkennen, der souverän über die Fakten verfügt und die Rezeptionshaltungen des Lesers zu steuern weiß. Er bietet Orientierungshilfen an, vermittelt einen ersten Überblick über den Handlungsverlauf, macht Methode und Ziel seiner Präsentation deutlich.

Doch wird man hier aufs Ganze gesehen kaum von auktorialer Allwissenheit sprechen können. Der Erzähler des Prologs weiß mehr als der Held und als der Leser, aber er weiß nicht alles. Bemerkenswert ist auch, daß im Verlaufe der Vorrede seine Aussagen immer allgemeiner, diffuser, ungenauer werden. Die Informationsdichte des Beginns wird nicht durchgehalten. Es wird nicht so recht deutlich, was Biberkopf im einzelnen widerfährt. Die Rede ist nur ganz abstrakt von einer Auseinandersetzung des Helden mit einer ominösen Schicksalsmacht, die ihn – das wird vorweggenommen – letztlich auch zur Strecke bringt. Salopp und flüchtig, lässig, fast nachlässig schildert der Erzähler dies. Mehrfach greift er auf Bilder und Vergleiche aus der Umgangssprache zurück, die die Auseinandersetzung des Helden mit seiner Umwelt als eine Art Boxkampf fingieren. Doch diese redesprachlichen Momente sind kein Manko, sondern von ihm durchaus bewußt eingesetzt. Vermutlich will er Abstand zu seinem Protagonisten gewinnen. Dabei versucht er sich gleichsam augenzwinkernd – hinter dem Rücken des „Helden" – mit dem Leser zu verständigen (*„Unser guter Mann"*) (7). Das erinnert ohne Frage an ein altes episches Grundmuster: Offensichtlich ist der Autor bemüht, mit seiner Vorrede die dem Bänkelsang zugrundeliegende epische Modellsituation in Stil und Gestus neu, d. h. unter den Bedingungen seiner Zeit, entstehen zu lassen. Schon die deiktische Wendung zu Beginn der Vorrede („Dies Buch") bezeichnet den Erzähl- bzw. Zeigegestus des Moritatensängers, der durch die Art und den Inhalt seines Vortrages eine gesellige Beziehung zu seinem Publikum herstellen und dieses in die epische Situation einbeziehen will. Indem er demonstrativ auf das Buch verweist, transzendiert er schon dessen bloßen Literatur- bzw. Lektüremodus. Der Erzähler fungiert hier als Ausrufer, der für den Wahrheitsgehalt seiner Geschichte einsteht. Das Publikum soll an ihr teilnehmen, sie „betrachten" und „hören" (vgl. Schaubild 1 d. Arbeit).

Diese Haltung des Erzählers ist, und auch darin entspricht sie dem alten epischen Grundmuster, didaktisierend und moralisierend. Ähnlich wie der Bänkelsänger auf Märkten und Messen seine Schauergeschichten und neuesten Zeitungsnachrichten zur praktischen Nutzanwendung seines Publikums in Liedform präsentiert, dabei seinen Vortrag durch die Verweise auf Bildertafeln unterstützt, will hier der Erzähler am Beispiel des Biberkopf etwas zeigen, denn „es ist kein beliebiger Mann, dieser Franz Biberkopf" (37).

„Nicht ohne Grund wählt Döblin [...] gerade die alte Erzählerrolle des Didaktikers, gestattet sie doch von vornherein, den Leser ständig vor das Forum der Reflexion und des Urteils zu zitieren.

Exempelfälle wollen bedacht und kritisch gemustert sein."[17] Paradigmatisch wird Franz Biberkopf vom Erzähler zu einem Experiment gerufen; in der kritischen Auseinandersetzung mit seinem Fall soll der Leser eine Einsicht in eine jener „Elementarsituationen des menschlichen Daseins" gewinnen, die Döblin überhaupt zum konstitutiven Merkmal des epischen Berichtes deklariert hat: „Dies zu betrachten und zu hören wird sich für viele lohnen, die wie Franz Biberkopf in einer Menschenhaut wohnen und denen es passiert wie diesem Franz Biberkopf, nämlich vom Leben mehr zu verlangen als das Butterbrot." (7)

Nicht nur in ihrer epischen Struktur und ihrem Sujet, etwa dem Hinweis auf die Verbrechergeschichte, sondern auch in ihrem Ton und ihrer Rhythmisierung erinnert die Vorrede an die Moritat. Auffällig sind z. B. die über den Text verstreuten Reime. Sie nehmen ihm ein wenig von seinem Ernst und seiner Schwere, verleihen ihm einen schwebenden Charakter und unterstützen vielfach die ironische Haltung des Erzählers. Damit wird auch deutlich, daß die Vorrede keineswegs eine bloße Inhaltsangabe darstellt. Dafür sind die Informationen, die sie dem Leser über den Handlungsduktus des Romans anbietet, einfach zu spärlich und zu ungenau. Vielmehr leistet der Autor das für den Roman, was etwa gleichzeitig von Brecht/Piscator auf der Bühne praktiziert wird, die Trennung von Autor und Publikum durch Aktualisierung bewährter epischer Muster bzw. durch gezielte Entwicklung neuer Strategien ästhetisch zu unterlaufen. Rezeptionsästhetisch gewendet, bedeutet dies für seinen Roman, Geschehnisspannung und Identifikationsmuster möglichst abzubauen, d. h. den Leser vom Verlauf und Ergebnis der Geschichte Biberkopfs, also vom Was der Handlung wegzuführen und ihn zu einer kritisch-analytischen Haltung gegenüber dem zu veranlassen, wie sie organisiert ist und unter welchen Bedingungen sie sich realisiert. In dieser Richtung wirken etwa die uneigentlichen Umschreibungen dessen, was Biberkopf widerfährt, aber auch die fast schon mythisierenden Hinweise auf die Instanz, die Biberkopf trifft und die ihm klarmacht, weshalb er gescheitert ist.[18] „So soll mit den alten Mitteln einer nicht illusionistischen Ästhetik ein Exempel statuiert werden, nämlich dieses, daß der *Lebensplan* des Franz *anständig zu sein*, *dreimal* durch Schläge *von außen*, die *wie ein Schicksal aussehen*, zerstört wird."[19]

3.2
Erzählerische Interventionen – Vorreden und Kapitelüberschriften

Der didaktische Gestus, die teils moralisierende, teils belehrende Art des Bänkelsängers, die dem Prolog sein narratives Profil gibt, prägt die Gestaltung des gesamten Romans. Immer wieder meldet sich der bänkelnde Erzähler im Roman zu Wort, sucht den Kontakt mit dem Publikum herzustellen. Mit Wendungen wie „Dies zu betrachten und zu hören wird sich für viele lohnen", (7), „Ihr werdet den Mann hier saufen sehen [...]" (105), „Es gibt einige unter den Lesern, die besorgt sind um Cilly [...]" (194) etc. geleitet er den Leser durch die Folge der Situationen und Ereignisse, mit denen sein „Held" konfrontiert wird. Dabei schaltet er sich häufig in den Handlungsverlauf des Textes ein, unterbricht und kommentiert ihn, resümiert Geschehenes, hebt Exemplarisches hervor und deutet Kommendes voraus. Er bewertet das Verhalten Biberkopfs, verteilt Lob und Tadel, belehrt ihn und erteilt ihm Ratschläge, ironisiert und relativiert auch seine eigene Rolle („Ein anderer Erzähler hätte dem Reinhold wahrscheinlich jetzt eine Strafe zugedacht.") (192). „Demonstrativ", schreibt Klotz, „den Helden an der einen, den ständig adressierten Leser an der anderen Hand, führt er sie auf dem deutlichen Geleis der Beispielgeschichte. Beide sollen daraus lernen, jener am eigenen Leib, dieser an jenem."[20]

Faßbar werden diese Haltungen und Aktivitäten des Erzählers vor allem auch in den Vorreden zu den einzelnen Büchern. So lautet z. B. die Vorrede zum zweiten Buch:

> Damit haben wir unseren Mann glücklich nach Berlin gebracht. Er hat seinen Schwur getan, und es ist die Frage, ob wir nicht einfach aufhören sollen. Der Schluß scheint freundlich und ohne Verfänglichkeit, es scheint schon ein Ende, und das Ganze hat den großen Vorteil der Kürze.
> Aber es ist kein beliebiger Mann, dieser Franz Biberkopf. Ich habe ihn hergerufen zu keinem Spiel, sondern zum Erleben seines schweren, wahren und aufhellenden Daseins.
> Franz Biberkopf ist schwer gebrannt, er steht jetzt vergnügt und breitbeinig im Berliner Land, und wenn er sagt, er will anständig sein, so können wir ihm glauben, er wird es sein.
> Ihr werdet sehen, wie er wochenlang anständig ist. Aber das ist gewissermaßen nur eine Gnadenfrist. (37)

Vornweg verständigt sich hier der Erzähler wieder über den Kopf des Helden hinweg mit dem Leser („wir", „unseren"). Alle auktorialen Möglichkeiten, die ihm zu Gebote stehen, werden von ihm auch genutzt: Souverän faßt er Geschehenes zusammen, blickt er, um den weiteren Verlauf der Geschichte wissend, voraus, im spielerisch-scherzhaften Ton erwägt er sogar, seine eigene Rolle und geläufige Rezeptionshaltungen des Lesers leicht ironisierend, den Abbruch der Geschichte.

Nicht nur in den Vorreden, sondern auch in den häufig sentenzartig gestalteten Kapitelüberschriften tut sich die überlegene Erzählregie des Autors kund. Sie sind ebenfalls markanter „Ausdruck von Döblins Absicht, die ‚steinerne Front' aufzubrechen, eine enge Beziehung zwischen dem Erzähler und dem Leser herzustellen."[21] In und mit ihnen kündigt der Erzähler dem Rezipienten nachfolgende Aktionen und Ereignisse an, zuweilen im sachlichnüchternen Stil des Berichterstatters („Franz Biberkopf betritt Berlin", 38), zuweilen in kommentierender und wertender Absicht („Franz hat einen verheerenden Entschluß gefaßt. Er merkt nicht, daß er sich in die Brennesseln setzt", 170); manchmal spielt er die Rolle des Beobachters, manchmal die des engagierten Mitspielers, zuweilen stellt er sich unwissend, zuweilen trägt er sein überlegenes Wissen zur Schau. Häufig gibt er – offen oder versteckt – Deutungshinweise, zeigt dem Leser an, worauf er bei der Lektüre der einzelnen Kapitel zu achten hat.

So bleibt der Leser aufgefordert, die Kapitalüberschriften als Rezeptionsvorschläge des Erzählers wahrzunehmen, sie als Deutungsimpulse zu nutzen.

Daß dieses ständige Hineinreden des Erzählers sich nicht zu einer einsinnigen Lehre verfestigt, die den Rezeptionsspielraum des Lesers einschnürt, ihn gar bevormundet, dafür sorgt der Autor schon dadurch, daß er nicht nur eine unglaubliche Variationsbreite an Titelvorschlägen, die disparatesten Sprach-, Stil- und Textbereichen entlehnt sind, präsentiert, sondern diese auch selbst miteinander verknüpft bzw. kommunizieren läßt.

Die einzelnen Zwischentitel formieren sich etwa zu motivischen Mustern. Auffällig ist z. B. der häufige Rekurs des Erzählers auf die Kriegs- und Gewaltmetaphorik, die, wie wir noch sehen werden, strukturbildend für den Roman ist (z. B. „Franz auf dem Rückzug. Franz bläst den Juden den Abschiedsmarsch", 112;

„Dritte Eroberung Berlins", 212; „Vorwärts, Schritt gefaßt, Trommelgerassel und Bataillone", 262).

Fast szenische Qualitäten gewinnt das Arrangement der Zwischentitel dann, wenn der Erzähler bestimmte Textzitate einer Art Splitting unterwirft und die daraus entstandenen Teilstücke einzelnen Kapiteln als Überschriften zuordnet. „Gestern noch auf stolzen Rossen" (91), so lautet etwa die Überschrift des ersten Kapitels des dritten Buches. Sie lädt den Leser geradezu ein, zu übertragen und zu ergänzen. Wenn der Erzähler in der Überschrift des folgenden Kapitels das Zitat selbst fortsetzt, bedeutet das nicht, daß ihm die Arbeit des Lesers gleichgültig ist. Im Gegenteil, „Heute durch die Brust geschossen" (95) ist vielleicht als Appell an diesen zu verstehen, den bisherigen Lektüreprozeß nochmals zu überdenken, das Geschehene und insbesondere das Verhalten Biberkopfs kritisch zu prüfen.

Aufs Ganze gesehen sind die Überschriften sprachliche Abbreviaturen der in den Roman eingelassenen Geschichten, Motive und Bilder und ihrer Verknüpfung mit den unterschiedlichsten Textsorten, den Bibelparaphrasen, Sprichworten, Liedtexten, Zeitungsnachrichten etc. So souverän wie der Autor die einzelnen Texte und sprachlichen Versatzstücke in seinen Roman montiert, setzt der Erzähler, mal heiter, mal ernst, mal pathetisch, mal schnoddrig seine Titelmuster ein: Sie ironisieren („Sieg auf der ganzen Linie! Franz kauft ein Kalbsfilet", 29), travestieren Sprichwörter („Unrecht Gut gedeihet gut", 191), verfremden Klassisches („Erhebe dich, du schwacher Geist, und stell dich auf die Beine", 210). Daß der Erzähler mit solchen Anzeigen nicht nur Haltungen und Handlungen seines „Helden" verspottet („Ausmaße dieses Franz Biberkopf. Er kann es mit alten Helden aufnehmen", 84), sondern sich auch selbst ironisch relativiert, auf Distanz zu seiner eigenen Rolle geht, macht die Überschrift des Anfangskapitels des letzten Buches deutlich: „Reinholds schwarzer Mittwoch, aber dieses Kapitel kann man auslassen", 371).

Die Vielzahl der epischen Eingriffe des Erzählers, seiner Mahnungen und Vorausdeutungen, die häufig genug an exponierter Stelle des Romans, eben in Prologen, Resümees und Kapitelüberschriften auftauchen, zeigt seine Überlegenheit an, doch eine kohärente Geschichte mit einer bestimmten Problemlösung vermag auch er am Ende nicht zu erzählen.

4
Geschichte – Montage

Die Analyse des Titels/Untertitels vermochte deutlich zu machen, daß Döblin von Anfang an dagegen opponiert, *nur* die Entwicklungsgeschichte seines „Helden", das Einzelschicksal Biberkopfs, zu erzählen. Der Autor fordert für sich zwar ausdrücklich das Mitspracherecht als subjektiver Erzähler ein, eines Erzählers, der kommentieren und reflektieren, der überhaupt am Leben seiner Figur teilnehmen will. Doch gleichzeitig will er auch unmittelbar an die Faktizität der Realität heranrücken, will er die Bedingungen, unter denen der Mensch entscheidet und handelt und die vielleicht sogar seine Entscheidungs- und Handlungskompetenz in Frage stellen, unmittelbar verfügbar machen. Er will Wirklichkeit dokumentieren und berichten, und dies in einem ganz emphatischen Sinne.

> „Nichts scheint mir wichtiger", schreibt er in seinem Aufsatz „Der Bau des epischen Werks", „als die sogenannte Objektivität des Erzählers. Ich gebe zu, daß mich noch heute Mitteilungen von Fakta, Dokumente beglücken, aber Dokumente, Fakta, wissen Sie, warum? Da spricht der große Epiker, die Natur zu mir, und ich, der kleine, stehe davor und freue mich, wie mein großer Bruder das kann. Und es ist mir so gegangen, als ich dies oder jenes historische Buch schrieb, daß ich mich kaum enthalten konnte, ganze Aktenstücke glatt abzuschreiben, ja ich sank manchmal zwischen den Akten bewundernd zusammen und sagte mir: besser kann ich es ja doch nicht machen." (L 113 f.).

Das Recht des Autors mitzusprechen ist also nur die eine Seite, die Fakten selbst zum Sprechen zu bringen, das ist die andere Seite des Romans. Und genau diese Antithetik prägt die ästhetische Organisation des BA. Der Erzähler muß es sich hier gefallen lassen, daß ihm jäh das Wort abgeschnitten wird und sich ein anderer Sprecher aus dem großen Kollektiv der Stadt an seinen Platz drängt, etwa der Statistiker und Zeitungsschreiber, der Reklametexter und Kolportagedichter.

Damit knüpft Döblin – wir wiesen bereits darauf hin – durchaus an frühere ästhetische Positionen an: „Was nicht direkt, nicht unmittelbar", heißt es in seinem „Offenen Brief an F. T. Marinetti", „nicht gesättigt von Sachlichkeit ist, lehnen wir gemeinsam ab; das Traditionelle, Epigonäre bleibt der Hilflosigkeit reserviert. Naturalismus, Naturalismus; wir sind noch lange nicht genug Naturalisten." (L 9).

Die Forderung des Autors nach mehr Naturalismus, nach einem Naturalismus, der immer wieder wie das Sturzbad „über die Kunst hereinbricht und hereinbrechen muß" (L 18), bedeutet für ihn im BA konkret die Hinwendung zur Realität der Großstadt in ihrer ganzen Komplexität und Kompliziertheit, zu ihren Geräuschen und Stimmen, zu ihren unbändigen Kräften und Energien, zu ihren anonymen Verkehrsformen und Institutionen. Indes, die sich in der Metropole darbietende Wirklichkeitsfülle kann weder vom „Helden" Zug um Zug erschlossen noch von einem Erzähler bündig in einer Geschichte verfügbar gemacht werden. Dem differenzierten Großstadtsujet werden die konventionellen narrativen Strukturen, die die Geschichte auf „die glatte enge, fortschreitende Handlung" (L 19) hin vereinfachen, nicht mehr gerecht. Sich über die Vorstellungs- und Empfindungswelt des Helden in die Wirklichkeit einzufühlen, seine Gedankengänge zu analysieren und zu rationalisieren, diese psychologische Manier des Autors hält Döblin für verlogen. Ähnlich illusionär und damit verwerflich ist für ihn das Vorgehen des Romanciers, eine spannende Geschichte mit Konfliktschürzung und Konfliktlösung zu schreiben. „Spannung", formuliert er apodiktisch, „ruiniert den Roman." (L 19)

In dem Maße, wie der Autor die Romanwirklichkeit aufbaut, entsteht auch die Stadt, in der der Held sich zurechtfinden muß. Inbegriff solcher Konstruktivität, gleichsam deren ästhetisches Korrelat, ist das Prinzip der Montage. Indem der Autor dieses umfassend nutzt, gelingt es ihm, seine Rolle als Erzähler zu suspendieren, den Gang der Handlung zeitweise zu unterbrechen und die Tatsachenwirklichkeit der Stadt in der Vielfalt ihrer Erscheinungsformen authentisch zu vergegenwärtigen, etwa durch das Einspielen von Originaltönen aus dem Berliner Volksmund, aber auch in der Zitierung von Textstücken aus mannigfaltigen Diskursen der Alltags- und Dichtersprache. Stellenweise ist der Roman reine Zitatmontage, ein Textraum aus Nachrichten, Werbeslogans, Briefdokumenten, Schlagertexten, Kinderreimen, Gebrauchstexten, Statistiken. Die große Baustelle am Alexanderplatz, konkret die dort stattfindenden Bewegungen und Verläufe, die der Autor eifrig notiert, sind Abbild dessen, was im Roman auf einer ästhetischen Ebene laufend geschieht: auf einer Fläche werden Materialien und Realitätsbausteine bewegt, verschoben, zusammengestellt, geschichtet. Unter dem Einfluß, ja dem Gewicht des umfassenden Großstadtdiskurses, der selbst in eine Vielzahl einzelner Diskurse zerfällt, verliert die zentrale erzählerische Figuration, eben die um Biberkopf zentrierte Geschichte, an Kontur und Bedeutungsschwere. Diese ist, indem sie zeigt, wie Biberkopf seinen Weg durch Berlin macht, selbst nichts anderes als *ein* möglicher Zugriff auf die Stadt als einen Ort komplexer menschlicher Beziehungen und Transaktionen, ohne daß der Autor – wie ehedem – noch in der Lage wäre, im Einzelschicksal das gesellschaftliche bzw. urbane Ganze zu repräsentieren: „Während die narrative Fabel die graphische Figur einer Linie bildet, indem sie das Material entlang der Bewegung ihres ‚Helden' aufreiht, legt die literarische Montage das Material in der Fläche aus."[22]

Diese Linie kann, auch wenn sie immer wieder unterbrochen und abgelenkt wird, vom Leser doch bis zum Ende des Romans verfolgt werden. Döblin hat, um diesen Zusammenhang zu verdeutlichen, in seinen Anmerkungen zur Poetik des epischen Werkes das treffliche Bild vom Flickenteppich gewählt. „Das Ganze ist", so schreibt er, „ein Teppich, der aus vielen einzelnen Fetzen besteht."[23]

Linie und Fläche, Geschichte und Montage, Einzelschicksal und Kollektiv sind also die entscheidenden Konstruktionsprinzipien. Aus ihrem antinomischen Verhältnis ergibt sich die den Roman prägende Kontraposition: Biberkopf und Berlin. Solche Antinomie darf allerdings nicht als ein glatter Subjekt-Objekt-Dualismus verstanden werden. Subjekt und Objekt lassen sich in Döblins Roman nicht kategorisch trennen. Der Dichter hat keinen Großstadtroman herkömmlicher Prägung geschrieben, etwa in dem Sinne, daß sich ein an und für sich intaktes Subjekt in einer widerständigen Umwelt zu behaupten versucht. Die Hauptperson Biberkopf gewinnt im Verlaufe des Romans kaum feste Konturen, gelangt nicht zu konsistenter Gestalt. Die Grenzen zwischen Innen- und Außenwelt sind vom Autor nicht mehr eindeutig zu ziehen, verwischen sich dauernd. Zudem: Biberkopf erfährt seine Außenwelt als fremde, bedrohliche Macht, die sich ihm fortwährend entzieht, die ein Eigenleben gewinnt, gleichsam für ihn zum machtvollen Subjekt wird, dem er sich ohnmächtig ausgeliefert fühlt und das ihn ständig zu vernichten droht. Und auch im eigenen Hause ist er nicht mehr Herr: Unbewußtes und Bewußtes, Gegenwärtiges und Erinnertes, Wahrnehmungen und Emotionen sind hier nicht mehr geschieden. Unbewußte Strebungen überlagern und bedrängen seine Psyche, unkontrollierte Assoziationen schießen in sein Bewußtsein, steigern sich zu übermächtigen Visionen. „Dieses Assoziationsfeld umgibt den Weg Biberkopfs durch die Stadt mit Worten und Bildern, von denen er wohl noch nie bewußt gehört und die gleichwohl sein Dasein und, wie vermittelt auch immer, sein Denken prägen."[24]

In dieser bedrängenden Fülle von heterogenen Innen- und Außeneindrücken ist Ordnung nicht mehr auszubilden, Sinn nicht mehr zu haben. Der Held wird sich selbst fremd in einer fremden Umwelt. Der „Depersonation" des Erzählens korreliert im BA die Depersonalisation des Subjekts. Dem Roman also einfach das Schema des Subjekt-Objekt-Dualismus zu unterlegen und dieses inhaltlich so zu konkretisieren, daß die um den gefährdeten „Helden" zentrierte Geschichte erzählt *und* die ihm feindlich gegenüber stehende Großstadt montiert wird, diese häufig in der Sekundärliteratur auftauchende Erklärung wird der Komplexität des BA genauso wenig gerecht wie die Position, die einfach nur das Gegeneinander von erzähltem und montiertem Text konstatiert.

> Die Montage konstituiert letztlich nicht nur die dem Helden übel mitspielende Stadt, sondern auch das aus der Ich-Repräsentation ausgeschlossene Selbst, das in eine ähnlich anomische, depersonale Weite zerfällt, wie sie der Stadt eigen ist. Stadt und unbewußte Innenwelt des Subjekts korrespondieren miteinander. Die Antinomien des ‚Berlin Alexanderplatz' verlaufen nicht nur zwischen Subjekt und Stadt, sie gehen quer durchs Subjekt hindurch.[25]

5
Struktur

5.1
Offene Schreibweise

In seinen poetologischen und ästhetischen Schriften zur Genese und Wirkung des epischen Kunstwerkes hat Döblin, dabei Erfahrungen aus seiner eigenen literarischen Werkstatt rekapitulierend, mehrfach betont, daß eine umfassende und differenzierte Planung des Romans, die sich vielleicht im großen Entwurf niederschlägt, der Arbeit des Epikers nicht unbedingt gerecht wird. Die lebendige literarische Produktion bedarf, und das erinnert doch sehr an die Kleistsche Ästhetik, der Flexibilität und Improvisationsgabe des Künstlers. Der Anfang des Schreibens ist für Döblin wie die Situation des Schwimmers vor dem Sprung ins Wasser: Es „heißt schwimmen oder untergehen. Wer groß plant, sich Ziele setzt oder zu dicht beieinander Ziele setzt, geht eher unter, als wer ruhig hineingeht mit Vertrauen auf die Sicherheit seiner Arme und Beine und die Taktfestigkeit seines Herzens." (Z 24) Nur zu gut weiß Döblin, daß die poetische Gestaltung des Werkes eine Eigendynamik der Momente freisetzt, so daß am Ende eine Produktion entsteht, die in dieser Form vom Autor vielleicht gar nicht intendiert war. Absicht und Planung können sich jedenfalls mit der Produktion des Werkes verändern. Denn, so Döblins Fazit, „wer über sich planend verfügt, ist bereits verarmt und erschöpft. Oder verschüchtert. Wer sich nicht diese Willkür und Freiheit bewahrt, überschätzt seinen planenden Verstand, legt sich auf das Tote fest." (Z 24 f.)

Wie wir gesehen haben, spiegelt die komplexe Entstehungsgeschichte des Romans, insbesondere die unterschiedlichen Fassungen der Vorreden, diese offene Produktionsästhetik des Autors wider. Und auch erste Lektüreeindrücke scheinen das Verfahren des Dichters zu bestätigen. Aufs Ganze gesehen wirkt der Roman zunächst einmal heterogen, bar jeder Ökonomie. Unablässig brandet eine Informationsflut, Berichtetes und Erzähltes, Text- und Realitätsfragmente gegen den Leser, der sich dieser kaum zu erwehren vermag. Und doch, Döblins Roman ist in seiner erzählerischen Präsentation, in der Verknüpfung von Fiktion und Dokument, in der Verklammerung seiner Motive keineswegs amorph, willkürlich. Ihm liegt letztlich ein bestimmtes Gliederungskonzept zugrunde, das sich der Anwendung gezielter Konstruktionsverfahren verdankt.

5.2
Aufbau und Beziehungen der Bücher

Schon der Prolog stellt in geraffter Form die Geschichte des Franz Biberkopf vor. Dabei skizziert er wichtige Stationen eines Ausschnittes aus dem Leben des Protagonisten. Das, was die Vorrede in Form und Inhalt vorwegnimmt, löst dann auch der Textverlauf ein. Dargestellt wird eine Zeitspanne aus dem Leben des „Helden" in neun Büchern, wobei jedes Buch einen wichtigen Lebensabschnitt des „Helden" vorführt. Diese Darstellung folgt – in durchaus konventioneller Weise – dem Prinzip der Chronologie; geprägt wird sie in formaler Hinsicht durch vier Aspekte: Symmetrie, Wiederholung, Variation und Steigerung. Zum einen lassen sich die einzelnen Bücher zu übergeordneten Gruppen zusammenstellen, zum anderen kann man sie auch jeweils einander zuordnen.

Die Handlungsebene des Romans ist geprägt durch die Auseinandersetzung der Hauptfigur mit ihrer Umwelt. Dieser liegt immer das gleiche Geschehensmuster zugrunde: Biberkopf versucht sich in der Stadt zu behaupten, erhält einen Schlag, versinkt in Depression und Lethargie und nimmt einen neuen Anlauf. Dieses geschieht, in steigernder Form, dreimal. Vor diesem Hintergrund läßt sich die Abfolge der Bücher durch eine Art Phasenstruktur genauer bestimmen (vgl. Schaubild III).

Als inhaltlich zusammengehörig erweisen sich die ersten drei Bücher. Sie zeigen, wie Biberkopf nach Verbüßung seiner Gefängnisstrafe versucht, in Berlin Fuß zu fassen und ein anständiger Mensch zu werden. Die Vorrede zum dritten Buch kündigt an, wie dieser erste Selbstbehauptungsversuch des Helden jämmerlich scheitert: „Hier erlebt Franz Biberkopf, der anständige, gutwillige, den ersten Schlag. Er wird betrogen. Der Schlag sitzt." (91)

Den zweiten Abschnitt der Geschichte bilden das vierte und das fünfte Buch. Sie zeigen, wie der „Held" nach einer Phase starker Niedergeschlagenheit erneut sein Gleichgewicht finden will (IV. Buch) und abermals einen schweren „Schicksalsschlag" erhält.

Er kommt buchstäblich unter die Räder: Sein Gegenspieler Reinhold, der ihn zu einer Diebestour verleitet hat, wirft ihn, als sie nach dem Coup verfolgt werden, aus dem fahrenden Auto, so daß er überfahren und schwer verletzt wird. (V. Buch)

Doch damit nicht genug. Noch ein drittes Mal – das veranschaulichen das sechste und siebte Buch – wird Biberkopf, der weiterhin unbelehrbar scheint, zurückgeschlagen: Den Vorsatz, anständig zu sein, gibt er auf; an der Seite von Mieze, deren Zuhälter er wird, findet er Auskommen und bescheidenes „Glück" (VI. Buch). Nun "soll ihn keiner mehr zwingen, der Stärkste nicht. Er hebt gegen die dunkle Macht die Faust. Er fühlt etwas gegen sich stehen, aber er kann es nicht sehen, es muß noch geschehen, daß der Hammer gegen ihn saust." (191). Und dieser letzte Schlag ist der fürchterlichste von allen: Mieze wird von Reinhold ermordet (VII. Buch). Die Bücher VIII und IX bilden den letzten Abschnitt dieser Phasenstruktur. Auch im achten Buch wird nochmals dargestellt, wie kurzschlüssig Biberkopf auf diesen letzten Schlag reagiert, wie wenig er dazu in der Lage ist zu erkennen, daß er sein Unglück größtenteils selbst zu verantworten hat. Dem neunten Buch kommt insofern eine Sonderstellung zu, als hier – thematisch und formal – eine Art Wende im Leben des „Helden" markiert wird. Hier – während seines Aufenthaltes in der Irrenanstalt Buch – wird er über „seine Irrtümer, seinen Hochmut und seine Unwissenheit" (371) aufgeklärt. Hier endet der Lebenslauf des alten Biberkopf, und hier gelangt er, ein anderer Biberkopf, zu einer neuen Sicht der Dinge.

Das Dreierprinzip, das die Gruppenbildung prägt, führt uns zu wichtigen Verknüpfungen und Korrespondenzen der einzelnen Bücher. Das erste und das letzte Buch bilden eine Art Rahmen. Mit dem Beginn des Romans steht Biberkopf vor einem Neuanfang. Aus dem Tegeler Gefängnis entlassen, versucht er ein neues Leben zu führen. Dieser Elementarsituation des ersten Buches ist der inhaltliche Verlauf des neunten zugeordnet. Nach der Entlassung aus der Irrenanstalt steht der Held wiederum auf der Straße, mithin vor einem Neubeginn.

Parallel geführt sind die Bücher II, IV und VI sowie III, V und VII. Dreimal versucht Biberkopf in Berlin Fuß zu fassen, sich in die Gesellschaft zu integrieren, sein Gleichgewicht nach schweren Schlägen wiederzufinden; dreimal zeigt er sich ohne Einsicht, und dreimal wird er, der überheblich die Stadt „erobern" wollte, mit zunehmender Härte zurückgeschlagen (Betrug durch Lüders, Verlust des Armes, Ermordung Miezes). Vom letzten Schlag scheint er sich nicht mehr erholen zu können (VIII). Erst seine Begegnung mit dem „Tod" leitet den Wandel ein und bereitet den am Ende des IX. Buches dargestellten Neubeginn vor.

5.3
Symbolische und allegorische Verknüpfungen

Die dritte Ebene, auf der Döblin seinen Roman organisiert, konstituiert sich aus symbolischen Mustern, Episoden, Leitmotiven und allegorischen Figurationen bzw. Inszenierungen. Aus ihrem Zusammenwirken ergibt sich ein feingesponnenes Netz an Verweisungen, Bezüglichkeiten und Anspielungen, das dem Roman, der sich zuweilen in der stofflichen Fülle, in der Vielfalt der fast lustvoll vom Verfasser ausgebreiteten Dokumente und Textmaterialien zu verlieren droht, ein gewisses Maß an Konsistenz verleiht.

Die auseinanderstrebenden Episoden, Geschichten und Szenen des Romanes werden aufs Ganze gesehen zunächst einmal durch zentrale Themen miteinander verklammert, wie z. B. Kampf, Gewalt, Krieg, Tod, Schuld, Opfer. In unterschiedlichen Spielarten tauchen diese thematischen Komplexe, häufig genug einander überlappend, durchgehend vom ersten bis zum neunten Buch auf. Von sprachlichen Mikrobausteinen über Bilder, Symbole und Leitmotive bis zu Großmetaphern, Textzitaten und Paraphrasen reicht die Varianzbreite der vom Autor verwendeten Elemente.

Paradigmatisch läßt sich das etwa an den drei thematischen Bereichen Kampf, Gewalt und Krieg zeigen. Alle drei sind von Beginn des Romans an präsent. Insbesondere der Romanprolog ruft sie stichwortartig ab und stimmt den Leser zugleich auf die Stadt als Kampfplatz und auf die Geschichte des Biberkopf als eine Auseinandersetzung mit der Stadt ein. Später ist mehrfach davon die Rede, daß Biberkopf Berlin zu erobern versucht.

In diesem Zusammenhang spielen die um den Begriff „schlagen" zentrierten Motive und sprachlichen Wendungen eine erhebliche Rolle. Auffällig ist von vornherein die hohe Frequenz des Wortes „schlagen" und der mit ihm verwandten oder von ihm abgeleiteten sprachlichen Ausdrücke. Da ist die Rede vom „Kaputtschlagen"

(9), „Drauflosschlagen" (22), „Totschlagen" (206), „Erschlagen" (317), um nur einige weit über den Roman verstreute Beispiele zu nennen. Und auch auf der Handlungsebene verbindet dieses Motiv Orte, Personen und Geschehnisse, die weit auseinander zu liegen scheinen: den Henker im Schlachthof, der die wehrlosen Tiere mit seinem Hammer niederschlägt mit dem Schlagrhythmus der monströsen Dampframme auf dem Alexanderplatz. Und diese letztere verweist wieder auf Reinhold, der Biberkopf einen Stockschlag auf den Hinterkopf versetzt und ihn später „abschmeißt".

Diesem thematischen Komplex arbeitet immer wieder die in mannigfaltigen Variationen vom Autor gebrauchte Kampfesmetaphorik und Kriegsmotivik zu. Leitmotivisch wird etwa das chauvinistische Kampflied von der „Wacht am Rhein" eingesetzt, es begleitet, wie wir noch sehen werden, den Helden auf seinem Weg durch die Stadt. Rekurrent ist der Gebrauch einzelner Ausdrücke und Bilder aus der Militärsprache. Eine besondere Bedeutung kommt dabei dem Bild vom Marschieren zu. Noch im ambivalenten Schlußtableau des Romans ist es gegenwärtig.

Alle diese Motive, Bilder und Paraphrasen weisen die Großstadt auch als einen Ort der Gewalt und als eine Stätte der Auseinandersetzung aus. Sie werfen ein Licht auf Biberkopfs Haltungen und Verhaltensweisen, auf seinen teilweise rüden Umgang mit der städtischen Wirklichkeit. Sie machen aber auch die Mechanismen kenntlich, nach denen die gesellschaftlichen Verhältnisse in Döblins Stadt funktionieren.

Neben der Kampfes- und Kriegsmetaphorik sorgen auch die Bibelparaphrasen und die allegorischen Figurationen, etwa die vom „Tod" und von der „Hure Babylon", für die Verknüpfung und Verklammerung von Handlungssequenzen, Episoden und Szenen: Auch sie begleiten die Haupterzählung, illustrieren und kommentieren den Weg Biberkopfs durch die Stadt. Nach dem ersten Schlag, den der Protagonist erhält, schaltet sich insbesondere der „Tod" immer wieder in das Geschehen ein, spricht er Biberkopf an, befragt, mahnt und warnt ihn.

Eingeschoben in die Hauptgeschichte und vielfach vermittelt mit ihr ist auch das Lied vom Schnitter Tod. Es korrespondiert der allegorischen Figuration des Todes, bereitet den leibhaften Auftritt dieser Gestalt im letzten Buch des Romans vor. Leitmotivisch ist es Biberkopfs Antipoden Reinhold zugeordnet, ist gleichsam, da es ihn von Beginn an als Unheil bringende Macht ausweist, dessen düster-unheimliche Erkennungsmelodie. Das erste Mal taucht es im Text auf, als Biberkopf sich auf Reinholds schwunghaften Mädchenhandel einläßt („Franz beobachtet immer den Reinhold. Es ist ein Schnitter, der heißt Tod, hat Gewalt vom großen Gott. Heut wetzt er das Messer, es schneidt schon viel besser, bald wird er drein schneiden, wir müssens erleiden") (163). Danach verstummt das Lied nicht mehr. Die ihm immanente Todesdrohung begleitet als schauerlicher Gesang Mieze und Reinhold während ihres Spaziergangs; sie bewahrheitet sich in fürchterlicher Weise in dem Augenblick, als Reinhold Mieze umbringt. Selbst im Prozeß gegen Reinhold klingt das Liedzitat als sentimentale Reminiszenz an die Geliebte und als Mahnung für Biberkopf nach („Es ist ein Schnitter, der heißt Tod, ich bin deine, lieblich ist sie zu dir gekommen, hat dich beschützt, und du, Schande, schrei Schande.") (408/409).

Vergegenwärtigt man sich auch hier, wie die Bilder, Motive und Texte mit dem Handlungsduktus verquickt sind, ihn unterbrechen, kommentierend begleiten, ihn spiegeln oder ihn exemplarisch machen, dann stellt sich sogleich wieder das Bild vom Roman als einem bunten Flickenteppich ein. Hier bleibt der Betrachter/Leser gefordert, bei seiner Lektüre des Romans das anscheinend undurchdringliche Geflecht zu entwirren, markante Zusammenhänge, entscheidende Verknüpfungen, auffällige Gestalten auszumachen. Wenn in unterschiedlichen bzw. mehrmaligen Lektüreprozessen je andere Muster und Konfigurationen im Roman wahrgenommen, also auch immer wieder neue Entdeckungen gemacht werden, dann ist nicht nur Döblins Vorstellung, daß der Leser sich am Produktionsprozeß des Autors beteiligen solle (vgl. L 123), Genüge getan, sondern auch die offene Struktur des Romans selbst angemessen erfahren.

6
Kursorische Interpretation

6.1
Der Romanbeginn: „Die Strafe beginnt"

Konstitutiv für Döblins Erzählen und Berichten ist das Prinzip des Exemplarischen. Im Vollzug des Erzählens sollen elementare Daseinshaltungen des Menschen bzw. Daseinssituationen herausgearbeitet werden. Das gilt besonders für die einzelnen Stationen der erzählerischen Präsentation des BA. Schon zu Beginn des Romans wird der Leser unvermittelt mit einer epischen Elementarsituation im Döblinschen Sinne konfrontiert: Der ehemalige Transportarbeiter Franz Biberkopf ist nach Verbüßung einer vierjährigen Haftstrafe aus dem Gefängnis Berlin-Tegel entlassen worden und versucht, in der Stadt Fuß zu fassen. Vornweg läßt sich sagen: Seine Ankunft mißlingt, sein Versuch, hier in Berlin gleichsam noch einmal auf die Welt zu kommen, sich auf die Wirklichkeit, auf die moderne Stadtwelt einzulassen und sich in sie zu integrieren, gerät schon zu Beginn genauso in die Krise wie das Bemühen des Erzählers, seine Geschichte in Gang zu bringen.

Das, was in der Anfangsszene des Romans prototypisch dargestellt wird, die verfehlte Ankunft des „Helden" in der Stadt, ist der elementare epische Baustein, auf den der Verfasser immer wieder zurückgreift. Die hier exponierte Szene wiederholt sich, taucht jedenfalls an prägnanten Stellen des Romans in ähnlicher bzw. abgewandelter Form wieder auf. Sie ist der heimliche Fluchtpunkt des Werkes. So wie der Autor immer wieder auf den Romanbeginn zurückkommt, wird der „Held" auf seine Ausgangsposition zurückgeworfen. Dies ändert sich bis zum Schlußkapitel des Werkes nicht: „Der gesamte Roman wäre als ein Versuch lesbar, die möglichen Hintergründe seines Beginns zu erforschen."[26]

In welcher Weise aber lernt der Leser diese Schlüsselszene des Romans kennen? Wie gelangt er in das fiktive Geschehen? Welche Informationen erhält er über die Hauptfigur und ihre Umwelt? Wie wird dies alles vom Verfasser sprachlich und erzählerisch realisiert? Diese Fragen zu beantworten heißt, sich darauf zu konzentrieren, wie der „Held" die für ihn fremde Wirklichkeit erfährt, wie er ihr begegnet und sich ihrer zu erwehren sucht.

Er stand vor dem Tor des Tegeler Gefängnisses und war frei. Gestern hatte er noch hinten auf den Äckern Kartoffeln harkt mit den andern, in Sträflingskleidung, jetzt ging er im gelben Sommermantel, sie harkten hinten, er war frei. Er ließ Elektrische auf Elektrische vorbeifahren, drückte den Rücken an die rote Mauer und ging nicht. Der Aufseher am Tor spazierte einige Male an ihm vorbei, zeigte ihm seine Bahn, er ging nicht. Der schreckliche Augenblick war gekommen (schrecklich, Franze, warum schrecklich?), die vier Jahre waren um. Die schwarzen eisernen Torflügel, die er seit einem Jahre mit wachsendem Widerwillen betrachtet hatte (Widerwillen, warum Widerwillen), waren hinter ihm geschlossen. Man setzte ihn wieder aus. Drin saßen die andern, tischlerten, lackierten, sortierten, klebten, hatten noch zwei Jahre, fünf Jahre. Er stand an der Haltestelle. Die Strafe beginnt. (8)

„Medias in res" setzt der Erzähler ein. Er geht, wie Döblin an anderer Stelle dem Epiker empfiehlt, „ganz nahe an die Realität heran" (L 107), blendet sich in ein laufendes Geschehen ein. In knappen, eindringlichen Sätzen schildert der Autor, wie ein zunächst noch anonym bleibender Mann zurück in eine Wirklichkeit gelangen will, von der er jahrelang ausgeschlossen war. Er stellt die Situation vor, in der sich die Hauptfigur befindet, legt aber offensichtlich keinen Wert darauf, diese Person näher zu beschreiben und zu charakterisieren. Dieser Mensch ist ganz zu Beginn noch abstrakt, namenlos und ohne geschichtliche Deckung, scheint abgelöst vom Erzähler zu sein, der als solcher auch gar nicht faßbar ist:

„Hinter ihm", formuliert Günter Anders, „steht nichts: Keine Sitte, keine bürgerliche, keine proletarische, keine städtische, keine ländliche, keine Natur, keine Religion, keine Religionsleugnung, keine Indifferenz, kein Milieu, keine Familie. Er ist unmenschlich, weil in einem barbarischen Sinne nur Mensch. Er ist schlechthin übrig, und kann nichts finden, weil er nichts zu suchen hat."[26]

Der Mann steht der Stadt gegenüber, bezieht ihr gegenüber Position. Er ist frei und kann dennoch seine Freiheit nicht nutzen; er drückt den Rücken ängstlich an die rote Gefängnismauer und bewegt sich nicht. Hilflos harrt er aus, fürchtet sich, will sich dem Leben verweigern, will nicht mehr auf die Welt kommen. Herausgeworfen aus dem Gefängnis, das sich in seinen Erinnerungen fast zu einem rustikalen Ort der Geborgenheit verklärt, steht er am Rand einer Welt, die er nicht er-fassen kann, weil sie sich unablässig bewegt. In ihr fühlt er sich ausgesetzt. Die neugewonnene Freiheit kann er nur noch als Strafe begreifen.

Die Aufmerksamkeit des Lesers richtet sich also von vornherein auf die Person und die Situation, in die sie vom Autor gestellt worden ist. Ob er sich nun mit ihr identifizieren will oder nicht, er lernt ihre Sehweise und Vorstellungen kennen. Das Erzählen wird zunächst einmal ganz aus deren Perspektive entwickelt.

Unterbrochen und durchbrochen wird dieser personale Erzählstil aber unvermittelt durch eine Stimme, die den bisherigen Erzählduktus und die Situation Biberkopfs in Frage stellt („Der schreckliche Augenblick war gekommen (schrecklich, Franze, warum schrecklich?), die vier Jahre waren um") (8). Die Herkunft dieser Stimme bleibt zunächst unbekannt: Vielleicht ist es eine innere Stimme Biberkopfs, vielleicht eine figurale Instanz, die ihre Identität noch nicht preisgeben möchte, oder es ist der Erzähler des Prologs selbst, der sich ins epische Geschehen einmischt, mit seinem „Helden" spricht, um ihn zu mahnen. So plötzlich wie die Stimme auftauchte, verschwindet sie auch wieder.

Schon hier wird deutlich, daß der Autor auf unterschiedlichen Ebenen seinen Text poetisch organisiert. Mit der Rolle des bloßen Berichterstatters, der sich des Urteils enthält, sich vollständig auf die Perspektive der Hauptfigur festlegt, ihre Wahrnehmungen und Gedanken wiedergibt, will er sich offensichtlich nicht begnügen. Von Beginn an ist er unruhig, wechselhaft, assoziativ. Wenn er seine Schilderung durch die plötzliche Anrede Biberkopfs abrupt unterbricht, macht er deutlich, daß er die Grenzen der Gattungen genausowenig akzeptiert wie nur den *einen* erzählerischen Standort. Von diesem letzteren, das weiß er, läßt sich die Übermacht großstädtischer Komplexität nicht mehr darstellen. Unablässig verändert er die erzählerische Optik, mal erzählt er aus der Innenperspektive, mal wählt er die Außensicht, mal verschränkt er beide miteinander.

Das Paradoxe der Situation: Da wird einer geboren, neu in das pralle Leben, auf die Straße und in den Verkehrslärm gesetzt, doch der will den Eintritt in die Welt hinauszögern, vielleicht sogar rückgängig machen, weil er sich – eine geradezu groteske Vorstellung – nach der embryonalen Geborgenheit des Gefängnisses zurücksehnt. Doch der Rückweg ist ihm versperrt: Die schwarzen eisernen Torflügel sind hinter ihm geschlossen.

So kann auch die Geschichte noch nicht beginnen, weil sich die Hauptfigur ihr zu entziehen droht. Die Szene erstarrt zum Bild. Der Film wird schon zu Beginn vom Autor – gleichsam aus experimentellen Gründen – angehalten.

Erst wenn Biberkopf in die Stadt geht, beginnt auch seine Geschichte. Das lapidare Wort „Los" (8) im zweiten Abschnitt ist dann auch für beide, für den „Helden" und seine Geschichte, das Aufbruchsignal für den Eintritt in die Welt, für die Fahrt mit der Elektrischen in die Stadt. Und auch das ist bezeichnend: Nicht als selbständiges Subjekt erschließt er sich Schritt für Schritt seine Lebenswelt, indem er sich vorsichtig zu den Menschen und den Dingen hinbewegt. Er überläßt sich – nach kurzem Zögern – den Objekten, wird von ihnen bewegt und bedrängt. Mit dem Sprung in die Straßenbahn wird er abrupt fortgerissen, verliert er jeden äußeren und inneren Halt. Der plötzliche Zusammenstoß mit der Realität erfolgt schockartig, droht seine Identität aufzusprengen. Der Moment der Kollision wird vom Erzähler im visionären Bild festgehalten: „Das war zuerst, als wenn man beim Zahnarzt sitzt, der eine Wurzel mit der Zange gepackt hat und zieht, der Schmerz wächst, der Kopf will platzen." (8) Die Gewalt der ihn fortreißenden Bewegung macht ihn ort- und orientierungslos. Ohnmächtig ist er der Eigendynamik, dem Eigenleben der Dinge, dem Andrang der rasch wechselnden Bilder, dem unaufhörlich auf ihn niederprasselnden Zeitungs- bzw. Reklamegeschrei ausgesetzt:

> Der Wagen machte eine Biegung, Bäume, Häuser traten dazwischen. Lebhafte Straßen tauchten auf, die Seestraße, Leute stiegen ein und aus. In ihm schrie es entsetzt: Achtung, Achtung, es geht los. Seine Nasenspitze vereiste, über seiner Backe schwirrte es. ‚Zwölf Uhr Mittagszeitung', ‚B.Z.', ‚Die neuste Illustrierte', ‚Die Funkstunde neu', ‚Noch jemand zugestiegen?' Die Schupos haben jetzt blaue Uniformen. (8/9)

Innere Eindrücke und äußere Wahrnehmungen purzeln hier wild durcheinander, können von der Hauptfigur nicht mehr koordiniert, in einen geordneten Sinnzusammenhang gebracht werden, lösen Verunsicherung und Entsetzen in ihr aus. So wird für den Haftentlassenen die Begegnung mit der Großstadt zum Trauma.

Die dichte Folge der in seine Sinnesorgane unaufhörlich einschießenden Reize und Bilder findet seinen unmittelbaren sprachlichen Ausdruck in einer Poetik der Parataxe, in der staccatohaften, unkoordinierten Aneinanderreihung von Sätzen und Wörtern, Wahrnehmungsfetzen und Empfindungen.

In der Begegnung Biberkopfs mit der Stadt wird auf engstem Raum und in reduziertester sprachlicher Form das zusammengedrängt, was das Erleben des zivilisatorischen Modernisierungsprozesses für den Großstädter bedeutet. Genau darin steckt der exemplarische Gehalt dieser Szene. Etwa zur gleichen Zeit, als Döblin mit seinen Recherchen und Vorarbeiten zum BA begann, schrieb Kurt Pinthus, der Herausgeber der berühmten „Menschheitsdämmerung", für die „Berliner Illustrierte":

> Welch ein Trommelfeuer von bisher ungeahnten Ungeheuerlichkeiten prasselt seit einem Jahrzehnt auf unsere Nerven nieder! Trotz sicherlich erhöhter Reizbarkeit sind durch diese täglichen Sensationen unsere Nerven trainiert und abgehärtet wie die Muskulatur eines Boxers gegen die schärfsten Schläge [...] Man male sich zum Vergleich nur aus, wie ein Zeitgenosse Goethes oder ein Mensch des Biedermeiers seinen Tag in Stille verbrachte, und durch welche Mengen von Lärm, Erregungen, Anregungen heute jeder Durchschnittsmensch täglich sich durchzukämpfen hat, mit der Hin- und Rückfahrt zur Arbeitsstätte, mit dem gefährlichen Tumult der von Verkehrsmitteln wimmelnden Straßen, mit Telephon, Lichtreklame, tausendfachen Geräuschen und Aufmerksamkeitsablenkungen.[27]

Doch Biberkopf, der Stigmatisierte und Ausgesetzte, ist dem, was der „Durchschnittsmensch" an „Lärm, Erregungen, Anregungen", an „Geräuschen und Aufmerksamkeitsablenkungen" zu verkraften hat, in weitaus stärkerem Maße ausgeliefert: „Der eingeborene Biberkopf hat seine Stadt, hat menschliches Zusammenleben überhaupt verlernt. Er braucht Zeit, um beides zurückzugewinnen."[28] Und gerade die wird ihm nicht mehr zugestanden. Ohne jede Differenzierung nimmt er Menschen und Dinge wahr: „Im Bild des Tumults erlebt Biberkopf die Stadt als Ganzes, als eine undurchdringliche Einheit, die es seinen Sinnen verwehrt, einzudringen, einzelnes aufzunehmen und zu sondern und auf diese Weise sich seine Umwelt Stück für Stück betrachtend anzueignen."[29] Menschen werden ihm fremd, verdinglichen und erstarren: „Es – lebte – nicht! Es hatte fröhliche Gesichter, es lachte, wartete auf der Schutzinsel gegenüber Aschinger zu zweit oder zu dritt, rauchte Zigaretten, blätterte in Zeitungen. So stand das da wie die Laternen

– und – wurde immer starrer. Sie gehörten zusammen mit den Häusern, alles weiß, aus Holz." (9) Das unpersönliche „Es" in der erlebten Rede nivelliert menschliches Leben, gleicht es – ein Rückgriff des Autors auf seine frühen futuristischen Positionen – den Laternen und Häusern an, läßt es auf den bloßen Farbeindruck und auf pure Materialität zusammenschrumpfen.

Da Biberkopf der Turbulenzen in seiner Umwelt, der chaotischen Vielfalt der Eindrücke („Schuhgeschäfte, Hutgeschäfte, Glühlampen, Destillen.") (9) nicht Herr werden, geschweige denn sie ordnen kann, versucht er seine Unsicherheit, ja Panik durch Aggressionen zu kompensieren, zunächst gegen sich selbst („Haltung, ausgehungertes Schwein, reiß dich zusammen, kriegst meine Faust zu riechen.") (9), später gegen seine Umwelt („Hundert blanke Scheiben, laß die doch blitzen, die werden dir doch nicht bange machen, kannst sie ja kaputt schlagen, was ist denn mit die, sind eben blankgeputzt.") (9). Solche Vorstellungen verdichten sich bei ihm zu einer Art Gewaltpsychose, die seine Wahrnehmungen schmerzhaft überlagert und verzerrt. Er will sich gewaltsam der Welt versichern, doch diese entzieht sich ihm immer wieder. Selbst die alltäglichsten Ereignisse sind ihm fremd geworden. So gerät die Beobachtung von zwei Menschen, einem Mann und einer Frau, die in einer Kneipe dicht am Fenster sitzen und essen, ihm zur Wahnvorstellung: „die gossen sich Bier aus Seideln in den Hals, ja was war dabei, sie tranken eben, sie hatten Gabeln und stachen sich damit Fleischstücke in den Mund, dann zogen sie die Gabeln wieder heraus und bluteten nicht." (9)

Hier erscheint ein geläufiger Vorgang zivilisatorischen Lebens fremd und unheimlich, weil er nicht mehr als Ganzes wahrgenommen wird; „diesen Vorgang löst die sachlich-stilistische Zeitlupe aus dem geschmeidig gleitenden Rhythmus seiner Üblichkeit, zerlegt ihn in kantige Einzelphasen und verabsolutiert sie. Den simplen Akt des Verzehrs in eine Reihe disparater, offenbar sinnloser Gliederbewegungen zerhackend, nimmt der Erzähler die Sicht dessen ein, der der Gewohnheit entwöhnt ist. Wo der verbindende Zweck verschwindet, fallen die Einzelgesten auf."[30]

Wenn aber das Bewußtsein nicht mehr die Kraft hat, Eindrücke zu sammeln, bleibt nur noch die Reaktion des Körpers. Bis ins Leibhafte hinein wird anschaulich gemacht, daß das Subjekt, das in die Stadt aufgebrochen ist, um sein verlorenes Leben zu suchen, nicht mehr Herr seiner Wahrnehmungen und Erlebnisse ist. An die Stelle des „Ich" ist das „Es" getreten: „Oh, krampfte sich sein Leib zusammen, ich kriege es nicht weg, wo soll ich hin? Es antwortete: Die Strafe." (9)

Mit den Kategorien von Kontinuität, Kausalität und Finalität ist dem Denken des „Helden" nicht mehr beizukommen. Es ist von außen gesteuert, vollzieht sich in Sprüngen, wird jäh durchbrochen von triebhaft-dumpfen Strebungen. Da die Wirklichkeit Biberkopf abweist, sich ihm nur noch als Überraschungsfeld, als chaotisches Gewirr von Reizen darbietet, versucht er seinen Eintritt in die Welt rückgängig zu machen, flüchtet er in eine Seitenstraße:

> Er dachte, diese Straße ist dunkler, wo es dunkel ist, wird es besser sein. Die Gefangenen werden in Einzelhaft, Zellenhaft und Gemeinschaftshaft untergebracht. Bei Einzelhaft wird der Gefangene bei Tag und Nacht unausgesetzt von andern Gefangenen gesondert gehalten. Bei Zellenhaft wird der Gefangene in einer Zelle untergebracht, jedoch bei Bewegung im Freien, beim Unterricht, Gottesdienst mit andern zusammengebracht. (9/10)

Das Wort „dunkel", das zweimal auftritt, fungiert hier als eine Art Auslöser. Es erinnert Biberkopf an das Gefängnis, aus dem er gerade entlassen wurde. Er sehnt sich förmlich nach dessen Dunkelheit und dessen Ordnungsstrukturen zurück, versucht Fremdes durch vertraute Ortserfahrungen, auch wenn es Erfahrungen der Unfreiheit, der Isolation und des Zwanges waren, zugänglich zu machen. Und mit diesem assoziativ vermittelten Vorstellungskomplex schießen Sätze in sein Bewußtsein, kleine Regeln aus einer Gefängnisordnung, die ihm offensichtlich eingehämmert wurden. Sein Bewußtsein – und dieses Phänomen ist im Roman immer wieder greifbar – ist von Texten überlagert und manipuliert. Döblin macht solche Fremdbestimmung dadurch sinnfällig, daß er den Erzählstrang hier fast brutal kappt und in den epischen Verlauf einen weiteren Text, eben das Bruchstück aus der Gefängnisordnung montiert. Daß Biberkopf sich gerade in dieser Situation, in der er durch die verwirrenden Reizerfahrungen sensuell völlig überfordert ist, an diese Ordnung erinnert, ist für den Leser durchaus nachvollziehbar. Doch diese regressiven Erinnerungsbilder halten seine fortschreitende Entmächtigung durch die Dingwelt keineswegs auf. Im Gegenteil, plötzlich bewegen sich die Dinge selbst, werden aufsässig: „Die Wagen tobten und klingelten weiter, es rann Häuserfront neben Häuserfront ohne Aufhören hin. Und Dächer waren auf den Häusern, die schwebten auf den Häusern, seine Augen irrten nach oben: wenn die Dächer nur nicht abrutschten, aber die Häuser standen grade." (10).

Die hier vom Autor gewählte Metaphorik ist prägend für den weiteren Verlauf des Romans. Auf das visionäre Bild von den schwebenden und rutschenden Dächern wird der Leser im folgenden immer dann stoßen, wenn er wahrnimmt, wie Biberkopf kopflos durch die Straßenschluchten Berlins rennt. Es ist Zeichen dafür, daß eine zerfallende Objektwelt ihm keine Orientierungspunkte mehr bieten kann, ihn auf sich selbst zurückwirft, ohne daß er in seinem Inneren einen Halt fände.

Der sich anschließende innere Monolog Biberkopfs, der nur kurz durch einen epischen Bericht unterbrochen wird, macht die Ort-, Perspektivlosigkeit und Isolation des Helden in gesteigerter Form sinnfällig:

> Wo soll ick armer Deibel hin, er latschte an der Häuserwand lang, es nahm kein Ende damit. Ich bin ein ganz großer Dussel, man wird sich hier doch noch durchschlängeln können, fünf Minuten, zehn Minuten, dann trinkt man einen Kognak und setzt sich. Auf entsprechendes Glockenzeichen ist sofort mit der Arbeit zu beginnen. Sie darf nur unterbrochen werden in der zum Essen, Spaziergang, Unterricht bestimmten Zeit. Beim Spaziergang haben die Gefangenen die Arme ausgestreckt zu halten und sie vor- und rückwärts zu bewegen. (10)

Übergangslos folgt dem inneren Monolog die Fortsetzung der Gefängnisordnung. Eingebettet sind beide Texte, der Monolog und das zitierte sprachliche Fertigteil, in die Darstellung des Bewußtseinsstromes von Biberkopf, der das, was sprachlich getrennt ist, d. h. auf unterschiedliche Diskurse verweist, assoziativ miteinander verschlingt: Die stereotyp von ihm repetierten Sätze der Gefängnisordnung sollen das Gefühl der Unsicherheit vertreiben, seinem Bewußtsein den Halt, die zeitliche Ordnung geben, die es benötigt, sich koordiniert zu bewegen. Der Wirklichkeit entwöhnt, muß Biberkopf neu lernen, seine Schritte einen nach dem anderen zu setzen.

Gleichwohl, die traumatische Vorstellung von den rutschenden Dächern wird ihn nicht mehr verlassen. Sie ist hier aber auch schon

Zeichen dafür, daß ihm in der Stadt ein schlechterdings übermenschlicher Gegenspieler erwachsen ist, mit dem er einen Kampf auf Leben und Tod zu führen hat. In dem Maße, wie dessen Macht sich verselbständigt, büßt Biberkopf an Handlungsfähigkeit ein. Was ihm bleibt, ist, nachdem er in einem Hausflur Zuflucht vor den übermächtigen Reizen der Stadt gefunden hat, allein ein animalisches Reagieren. Er brummt, ächzt, grunzt, ballt seine Fäuste – vielleicht eine letzte Möglichkeit, sich zu vergewissern, daß er überhaupt noch „da" ist. Hier an diesem Ort beginnt gleichsam, von elementaren Lebensvollzügen, einfachen Lautartikulationen und Gebärden ausgehend, der erneute Versuch Biberkopfs, sich zu sammeln und anzukommen. Intensiviert wird dieses Unterfangen des „Helden" nach einem weiteren Ortswechsel. Hinausgedrängt in einen finstern Hof, fängt er plötzlich an, lautschallend das chauvinistische Kriegslied Schneckenburgers von der „Wacht am Rhein" zu singen. Er singt die Wände an, und von denen tönt die volkstümliche Weise wider: „,Es braust ein Ruf wie Donnerhall'. Kriegerisch fest und markig." (11) Auch diese Reaktion der Hauptfigur ist kennzeichnend für ihr gesamtes Verhalten, wie es immer wieder im Roman sinnfällig wird: Biberkopf, dem es nicht gelingt, sich in das kollektive Wesen der Stadt zu integrieren und in ihr neue Subjektivität auszubilden, versucht gerade deshalb – ohne Verstand und Einsicht – gleichsam aus bloß affektiven Dispositionen heraus, sich selbst zu behaupten. Dies geschieht ohne logische Motivierung, ausschließlich assoziativ. Doch einmal angestimmt, entfaltet der martialische Gesang aus dem kollektiven Liedergut der Gesellschaft gleichsam magische Wirkungen. Er scheint Mut einzuflößen, die Unsicherheit Biberkopfs schier zu übertönen, ihm den Anschluß an die Ordnung der Gesellschaft zu ermöglichen, deren Turbulenzen seine Identität völlig zu vernichten drohten. Denn mit dem Lied, an dessen kollektiver Rhythmik und Gewalt er im Gesang unbewußt teilhat, meint er die Stärke und Macht zu gewinnen, die ihm bislang in der Auseinandersetzung mit der Umwelt gefehlt haben. Bestärkt wird er in seiner Einschätzung auch durch das gewaltige Echo, das seine Stimme erzeugt.

Doch solche Ichstärke bleibt angemaßt und trügerisch, entspringt nicht realistischer Selbsterfahrung. Auch in seinem weiteren Verhalten neigt Biberkopf zu dieser trotzigen Selbstüberschätzung. Immer wieder verkennt er, was von ihm praktisch gefordert ist und was er tatsächlich zu leisten vermag. Selbstbehauptung und Präsens zeigt Biberkopf nur so lange, wie sein Gesang andauert. Sobald er dem Gewirr und Gewimmel der Großstadt wieder ausgeliefert ist, bricht auch die aus dem Kollektiv geborgte Identität zusammen. Die Überschrift des zweiten Kapitels hält lakonisch fest: „Noch immer nicht da." (12)

Exemplarisch führt der Romanbeginn vor, wie die Hauptfigur in der Kollision mit der modernen Großstadt in ihrer verwirrenden Erscheinungsvielfalt in die Krise gerät, die ihre Identität gänzlich zunichte zu machen droht, indem sie die Grenzen zwischen innen und außen verwischt. Der mißlingenden Ankunft des „Helden" in der Stadt korreliert in ästhetischer Hinsicht der Sachverhalt, daß jeglicher Versuch des Erzählers, hier im ersten Kapitel eine Geschichte in Gang zu bringen, sie vielleicht linear und zielgerichtet zu erzählen, von vornherein zum Scheitern verurteilt ist. Konsequent zeigt der Autor, wie nicht nur die Hauptfigur depersonalisiert, ihrem Ich und ihrer Wahrnehmungswelt entfremdet wird, sondern das Erzählen selbst einem Prozeß der Depersonation unterworfen wird. So wie der Held hier nicht mehr Herr seiner Wahrnehmungen und Erlebnisse ist, also nicht mehr als substantielle Einheit vorgestellt wird, verflüchtigt sich auch die Erzählbewegung und löst sich in eine vielstimmige epische Partitur auf.

6.2
Biberkopfs Gang durch Berlin – der Handlungsverlauf des Romans

Theodor Adorno hat die aporetische Situation, in der sich der moderne Epiker befindet, klar bezeichnet: Es „läßt sich nicht mehr erzählen, während die Form des Romans Erzählung verlangt".[31] Unter diese paradoxe Strukturformel läßt sich auch, wie wir gesehen haben, Döblins Roman subsumieren. Der Erzähler hat sichtlich Mühe, die Geschichte zu erzählen, d.h. den Gang seines „Helden" durch das Dickicht der Großstadt zu verfolgen. Häufig genug verliert er ihn aus den Augen, scheint er fast sich selbst im Gewoge und Gewimmel der Menschen Berlins zu verirren und findet ihn dann doch immer – fast zufällig – wieder. Erzähltheoretisch bedeutet dies: Biberkopfs Geschichte wird oft ein- und ausgeblendet, löst sich in Partikel und Episoden auf; mal geht der

Erzähler ganz nahe an Biberkopf heran, um präzise sein Verhalten zu beobachten und zu kommentieren; mal ist dieser nur einer von vielen im anonymen Kollektiv der Stadt. Die Kontur einer Lebenslinie gewinnt die Vita Biberkopfs indes nur in den Interventionen des Erzählers, wie sie sich – wir wiesen darauf hin – besonders in den Vorreden und Kapitelüberschriften dokumentieren.

Mit der Paradoxie, das nicht mehr narrativ leisten zu können, worauf eine konventionelle Romanpoetik nachhaltig bestand, nämlich eine konsistente Geschichte zu erzählen, hat insbesondere auch der zu tun, der die Handlung des BA nacherzählen will bzw. läßt. Wie kann man die Geschichte – dies stellt auch ein erhebliches Problem bei der didaktischen Vermittlung des Werkes im Unterricht dar – rekapitulieren, ohne die komplexe epische Anlage des Romans zu verfälschen, ohne hinter die hier implizit geleistete poetische Kritik am „Erzählschlendrian" vergangener Zeiten zurückzufallen? Wie läßt sich Biberkopf in einem Tun und Lassen darstellen, wenn er als personales Subjekt keinen Ort mehr besitzt?

Indes, auch wenn Held und Geschichte gebrochen sind, es muß erzählt bzw. nacherzählt werden, denn nur in der Erfahrung des einzelnen wird auch die des Kollektivs der Großstadt gegenwärtig und exemplarisch. Und auch die störende und verstörende Arbeit der Montagen kann nur dann und dort greifen, wo die individuierende Geschichte noch im Blick ist. Will man sich mit dieser Paradoxie auseinandersetzen, ohne den Gegensatz von einzelnem und Kollektiv, von Geschichte und Montage zu verschleifen, empfiehlt es sich, die Geschichte des Franz Biberkopf genau an dem Punkt aufzusuchen, an dem sie in Gefahr steht, sich in den weiträumigen Tableaus der Großstadt zu verlieren. Dieser kritische Punkt der Geschichte ist die Ortlosigkeit ihres Helden. Sie äußert sich, nachdem mit dem „Los" zu Beginn des Romans das Signal zum Aufbruch gegeben wurde, in Biberkopfs Gang durch die Metropole – ein Gehen voller Hektik und ohne Ziel: „Es heißt sich entschließen", so heißt es schon zu Beginn des Romans, „es muß ein Weg gegangen werden, – und du weißt keinen, Franze." (14)

In allen möglichen Variationen wird dieses Gehen in der und durch die Stadt vorgeführt: Biberkopf zieht rastlos durch die Straßen und Kneipen, bewegt sich durch die Menschenmassen und durch das Verkehrsgewühl; „er trabt seinen Trab" (211); meist marschiert er, rennt einfach drauflos. Die Gebäude, Straßen und Plätze der Stadt sind ihm der eigentliche Lebensbereich. Hier versucht er anzukommen und sich zu finden; hier hat er sich zu bewähren, hier muß er kämpfen.

Kennzeichnend für den Roman ist also nicht die zeitliche Abfolge der Geschichte, die als historische Zeitspanne die Monate zwischen dem Herbst 1927 und dem Frühjahr 1929 umfaßt, sondern deren räumliche Anlage, der ein ständiges Unterwegssein des „Helden" korrespondiert. Aufs Ganze gesehen, verläuft der Weg des „Helden", des „alten" Biberkopf, von dem Vorort Tegel bis ins Zentrum der Stadt und wieder zurück an die Peripherie in die Irrenanstalt Buch, freilich ohne daß er selbst die Zielrichtung vorgibt.

> Der Gang durch die lärmende Stadt verstrickt ihn ins Leben der Masse; gehend teilt sich dieses ihm mit. Das Netz der vielen Straßen und Wege, die Verflochtenheit der Menschen, die filigranen Strukturen ihres Verkehrs, ihre Beziehungen prägen sich ihm im Gehen auf, vermitteln sich zu seinem inneren Befinden. Die Montagen legen dabei die Fläche aus, auf der Biberkopfs Weg sich verläuft und verzweigt; sie geben den Raum an, den er durchkreuzt, begeht, durchirrt, die Topographie, die er, oft blind für ihre Reize wie für ihre Gefahren, durchwandert.[32]

Die poetische Darstellung dieses Ganges durch die Stadt wird, das konnte die Analyse des Romanbeginns belegen, durch zwei entscheidende Momente geprägt, die leitmotivisch den Text durchziehen: durch das traumatische Erlebnis der wankenden Häuser und rutschenden Dächer und durch das Singen der „Wacht am Rhein". Das erste Motiv ist Zeichen der Angst, Orientierungslosigkeit und mangelnden Standfestigkeit des „Helden". Je weniger er in der Lage ist, sein Wahrnehmungs- und Verhaltensfeld zu strukturieren, desto panischer reagiert er. Das zweite Motiv ist dumpfer Ausdruck Biberkopfs, eine aus den Fugen geratene Welt, deren Turbulenzen ihn leibhaftig bedrängen, nicht nur zu widerstehen, sondern aggressiv auf sie loszugehen, sie niederzubrüllen, um „einen Sieg auf der ganzen Linie" (29) zu erringen.

Immer dann, wenn der Autor diese Motive verwendet, kann der Leser je auf die psychische Befindlichkeit und Situation des „Helden" rückschließen. Entweder fühlt dieser sich in seinem Gehen durch die Stadt extrem bedroht, den Bewegungen einer gewalttätigen Welt ohnmächtig ausgeliefert, oder er glaubt im fast besinnungslosen, ziellosen Vorwärtsdrang, der häufig vom Tempo und der Rhythmik der „Wacht am Rhein" angetrieben wird, selbst Gewalt auf Menschen und Dinge ausüben zu können, um sich selbst zu bestätigen:

> Franz aber ist, während er singt, eingefallen, was er eigentlich singen wollte. Da hat er auf dem Hof gestanden, nun ist er zufrieden, daß er es gefunden hat, ihm ist es gleich, wo er ist; jetzt ist er im Singen, es muß raus, das Lied muß er singen, [...] er schmettert in das Lokal: „Es braust ein Ruf wie Donnerhall, wie Schwertgeklirr und Wogenprall: Zum Rhein, zum Rhein, zum deutschen Rhein, wir alle wollen Hüter sein!" (78)

Und solcher Gesang eskaliert wenig später zu einer wütenden Brüllorgie, die Vergangenheit vergessen machen und Gegenwart übertönen soll. Doch abrupt endet der Tobsuchtsanfall: Biberkopf erstarrt, sein Blick wird „gläsern", unvermittelt überwältigen ihn Gefühle der Angst und Bedrohung; „Die Häuser, die Häuser wollen wieder einstürzen, die Dächer wollen über ihn her, das gibt es nicht, damit sollen die mir nicht kommen, es wird den Verbrechern nicht gelingen, wir brauchen Ruhe." (81)

Biberkopfs „Losrennen" ohne Sinn und Verstand läßt ihn die Welt verkennen und führt auch zu seiner ersten Niederlage. Nachdem die Juden sich seiner angenommen und ihn ein wenig seelisch aufgerüstet haben, läßt er sich auf den Zweikampf mit den Mächten der Stadt ein. Indem er Minna, die Schwester Idas, vergewaltigt, vergewissert er sich zunächst in animalischer Weise seiner sexuellen Potenz, seiner Manneskraft und glaubt sich dadurch von seiner lebensgeschichtlichen Hypothek, dem Bild der toten Ida, befreien zu können. Gerade hier zeigt sich aber, daß Franz während seiner Gefängniszeit wenig gelernt, daß er für sich den Zusammenhang von persönlicher Schuld und Strafe ganz und gar nicht aufgearbeitet hat und daß letztlich sein Schwur, nicht rückfällig zu werden, „anständig zu bleiben in Berlin, mit Geld und ohne" (34), auf tönernen Füßen steht. In dieser Hinsicht ist die paradoxe Bemerkung des Erzählers zu Beginn, daß mit der Entlassung Biberkopfs aus Tegel die eigentliche Strafe für ihn erst beginne, nur konsequent. Blind, wie Biberkopf ist, marschiert er, naiv nur der eigenen Kraft vertrauend, vorwärts, ohne das Bedingungsfeld der Stadt und seine Möglichkeiten in ihr, und das heißt die Einstellungen und Verhaltensweisen der Menschen in seiner Umwelt, sorgfältig zu prüfen. Das wird ihm zum Verhängnis.

Als ambulanter Gewerbetreibender – er verkauft Schnürsenkel an Haustüren – lernt er eine junge Witwe kennen und gewinnt ihr Vertrauen; er hat bei ihr „Kaffee getrunken, sie mit. Und dann noch n bißchen mehr." (92/93). Prahlerisch erzählt er seinem Kompagnon, dem kleinen Lüders, von dieser Begegnung. Dieser nutzt die Informationen zu eigenem Vorteil und hintergeht Franz. Er erschleicht sich das Vertrauen der Witwe, eignet sich die Ware an, die sie für Franz aufbewahrt hat, bedroht sie schließlich und fordert Geld von ihr. Von diesem Betrug, „eigentlich kein Unglück" (105) für Biberkopf, wie der Erzähler beschwichtigend kommentiert, wird der „Held", nachdem er erfahren und begriffen hat, was Lüders ihm angetan hat, erstmals aus der Bahn geworfen. Sein Verhalten, vorher noch überheblich und prahlerisch, schlägt nun ins andere Extrem um. Er bricht fast zusammen, fällt in tiefe Depression, verkriecht sich und beginnt zu trinken.

Poetische Chiffre seiner Orientierungslosigkeit, seines inneren und äußeren Verfalls, ist auch hier das Motiv der fallenden Dächer. Wiederum begleitet es seinen Gang durch die Stadt; auf seinem Weg zu den Juden, mit denen er nun „aufräumen" (112) will, taucht dieses Erlebnis plötzlich wieder in seinem Bewußtsein auf. Kompensiert wird es vom „Helden" allein auf emotionaler Ebene, fast in magischer Form soll die Angst gebannt werden: Die Erinnerung an die „Wacht am Rhein", die genauso unvermittelt in sein Bewußtsein schießt, soll auch hier seinem ramponierten Ego zu neuem Selbstbewußtsein verhelfen.

Und zu neuer Stärke, das zeigt das Ende des vierten Buches, scheint er auch zu finden. Angst und Depression scheinen überwunden. Der alte Trotz, die alte Überheblichkeit haben ihn wieder. Kennzeichnend für ihn ist wieder der ungestüme Vorwärtsdrang, ohne Maß und Ziel:

> Raus aus dem Loch, auf die kalte Straße. Viel Menschen. Kolossal viel Menschen gibts am Alex, haben alle zu tun. Wie dies nötig haben. Der Franz Biberkopf lief Ihnen, der drehte die Augen rechts und links. Als wenn ein Gaul ausgerutscht ist auf dem nassen Asphalt und kriegt einen Tritt in den Bauch mitm Stiebel und krabbelt hoch, und nun karriolt er los und läuft wie verrückt. Franz hatte Muskeln, der war mal im Athletenklub, jetzt trudelte er durch die Alexanderstraße und merkte, was

er für einen Schritt hatte, fest, fest, wie einer von der Garde. Wir marschieren akkurat genau wie die andern. (140).

So wird der zweite Gang zu Minna für ihn zu einer Art Triumphzug. Obwohl er von Karl, dem Mann Minnas, abgewiesen wird, fühlt er sich so stark wie früher. Bezeichnend sind seine von Überheblichkeit strotzenden Worte am Ende des vierten Buches: „Wer Franz Biberkopf ist. Der fürchtet sich vor nichts. Ich hab Fäuste. Sieh mal, was ich für Muskeln habe." (143). Solche Kraftmeierei wird ihm – darauf verweist schon die Erzählervorrede zum 5. Buch – erneut zum Verhängnis.

Der Verlauf des fünften Buches zeigt, wie Biberkopfs Gang in die Stadt, sein Versuch, sie zu erobern, in einen Zweikampf einmündet, der durch den Antagonisten Reinhold zwar personale Konturen gewinnt, letztlich aber ein Geschehen von fast mythischer Qualität darstellt. Im Klartext: In ihm geht es nicht primär um einen Konflikt zwischen Figuren bzw. Kumpanen aus dem Verbrechermilieu. Der Autor hat keinen Kriminalroman geschrieben. Die psychischen Beweggründe und sozialen Bedingungen der beiden Figuren, die diesen Kampf auf Leben und Tod führen, deutet Döblin allenfalls an, ohne an ihnen ernsthaft interessiert zu sein. Der Verfasser hat den Gegenspieler Biberkopfs grundlegender konzipiert: Reinhold hat archetypische Qualität. In ihm verkörpern sich – pars pro toto – die dämonischen, unheilvollen, zerstörerischen Möglichkeiten der Stadt, Mächte, die das Leben in Frage stellen und verneinen. Darin gleicht er der „Hure Babylon". Reinhold ist, wenn man so will, ihre mephistophelische Disposition. Von der ersten Begegnung an fühlte Franz „sich mächtig von ihm angezogen" (155). Rasch verfällt er ihm; er „ging jetzt in die Prenzlauer Straße und schmiß sich an diesen Mann in dem alten Soldatenmantel ran. Das war ein feiner Junge, [...]" (156).

Das, was beide zusammenführt, ist, so signalisiert eine Kapitelüberschrift, „ein schwunghafter Mädchenhandel". (156) Reinhold hat die Angewohnheit, seine Beziehungen zu Frauen, sobald er ihrer überdrüssig geworden ist, schon nach kurzer Dauer zu beenden. Franz ist von ihm auserkoren, die „abgelegten" Freundinnen zu übernehmen. Solange Franz mitspielt, funktioniert dieses Geschäft. Doch in dem Augenblick, als Biberkopf glaubt, Reinhold von diesem Tauschhandel abbringen, ihn gleichsam erziehen und ihn in solidere Lebensverhältnisse führen zu müssen, überschätzt er nicht nur seine Möglichkeiten, sondern verkennt er auch die Macht des andern. Hier liegen letztlich, ohne daß der Autor dieses explizit herausstellen müßte, die Gründe für den zweiten Schlag, den Biberkopf erhält. Indem er sich mit Reinhold einläßt und sich gar mit ihm messen will, übernimmt er sich völlig. Weder hat er das intellektuelle Format, die Absichten seines Gegenspielers zu durchschauen, noch verfügt er über dessen Entschlossenheit, brutal bis zum Letzten zu gehen. Borniert, wie er ist, verstrickt er sich in die undurchsichtigen Machenschaften der Pumsbande, läßt sich, ohne daß ihm dies richtig bewußt wird, für eine Diebestour anheuern. Als sie unmittelbar nach dem Einbruch von einem Auto verfolgt werden, nutzt Reinhold, der sich von Franz wegen der Frauengeschichten düpiert und gemaßregelt fühlt, die Gelegenheit, ihn brutal aus dem Wagen zu stoßen. Dieser zweite Schlag macht Biberkopf zum Invaliden; er verliert einen Arm.

Auch diese neue Niederlage bringt Biberkopf nicht zur Einsicht. Noch ist er weit davon entfernt, sich selbst und seine Position in der Welt adäquat einzuschätzen. Zunächst ist er lethargisch, hockt bei Eva und Herbert, früheren Bekannten aus dem Milieu, die ihn nach seinem Krankenhausaufenthalt in ihre Wohnung genommen haben und ihn dort betreuen. Doch auch nach diesem Fall kommt er wieder auf die Beine – „wacklig, aber er geht." (210) Erneut will er den Kampf aufnehmen, will er sich vor sich selbst und den anderen beweisen. Er ist nicht fähig, die Niederlage hinzunehmen, sie zu verarbeiten und aus ihr Konsequenzen zu ziehen. Letztlich will er der Stadt und vor allem Reinhold gegenüber demonstrieren, daß er der Stärkere ist.

> Einiges ist dem alten Burschen, der sich jetzt durch die Straßen schleppt, um nicht in der Bude zu verrecken, einiges ist dem alten Burschen, der vor dem Tod wegläuft, doch schon klarer als vorher. Das Leben hat ihm doch etwas genützt. Jetzt schnüffelt er in der Luft, beschnüffelt die Straßen, ob sie ihm noch gehören, ob sie ihn annehmen wollen. Er begafft die Litfaßsäulen, als wären die ein Ereignis. Ja, mein Junge, jetzt läufst du nicht breit auf zwei Beinen, jetzt krallst du dich an, klammerst dich fest, jetzt nimmst du soviel Zähne, Finger, wie du hast, zusammen, und hältst dich fest, bloß um nicht abgeschmissen zu werden. (210)

Das Bewußtsein, „nicht abgeschmissen zu werden", bestimmt auch seine Entscheidung, wieder auf die Straßen zu gehen und sich damit erneut auf die Stadt und ihre Unwägbarkeiten einzulassen, um sie nun endgültig zu besiegen.

> So ist zum drittenmal Franz Biberkopf nach Berlin gekommen. Das erstemal wollten die Dächer abrutschen, die Juden kamen, er wurde gerettet. Das zweitemal betrog ihn Lüders, er soff sich durch. Jetzt das drittemal, der Arm ist ihm ab, aber er wagt sich kühn in die Stadt. Mut hat der Mann, doppelten und dreifachen Mut. (212).

Auch der fast als selbstmörderisch zu charakterisierende Entschluß, erneut zu Reinhold zu gehen, geschieht unter dem Vorzeichen bedingungsloser Offensive. Die Stadt ist nun vollends für ihn zum Schlachtfeld geworden, das er, angefeuert durch imaginäre Marschmusik und Kampflieder, im unbändigen Vorwärtsdrang, im „Sturmschritt" nehmen will.

> Da marschiert Franz Biberkopf durch die Straßen, mit festem Schritt, links rechts, links rechts, keine Müdigkeit vorschützen, keine Kneipe, nichts saufen, wir wollen sehen, eine Kugel kam geflogen, das wollen wir sehen, krieg ich sie, liege ich, links rechts, links rechts. Trommelgerassel und Bataillone. Endlich atmet er auf.
> Es geht durch Berlin. Wenn die Soldaten durch die Stadt marschieren, eiwarum, eidarum, ei bloß wegen dem Tschingdarada bumdara, ei bloß wegen dem Tschingdarada, dada.
> Die Häuser stehen still, der Wind weht wo er will. Eiwarum, eidarum, ei bloß wegen dem Tschingdaradada. (262)

Das Gehen ist hier nur noch gewalttätiges Marschieren; aus dem individuellen Singen, der „Wacht am Rhein" sind längst die Sinne und Verstand betäubenden kollektiven Rhythmen einer Militärkapelle geworden, nach deren Takt er sich fortbewegt, besser: treiben läßt – geradewegs in den Untergang.

Die Konfrontation mit Reinhold endet wiederum mit einer Niederlage für Franz. Auch diesmal hat er sich übernommen. Die martialisch aufgeladene Gebärdensprache des „Helden" kollabiert. Zitternd verläßt er die Wohnung des Gegenspielers. Erst am Abend – es kommt zu einer weiteren Begegnung mit Reinhold – hat er seine Fassung wiedergewonnen. Er ist sich sicher: „der schmeißt mir nicht um." (268). Und während er selbst noch versponnen über seine Neigungen zu Reinhold sinniert, hat dieser schon den

Entschluß gefaßt, ihm die Knochen zu knacken und „ihn ganz und gar in den Dreck" zu schmeißen. (269)

Damit ist für Franz, wie der Erzähler resümiert, „die Wendung nach rückwärts" (269) beendet.

Franz Biberkopf, der Starke, die Kobraschlange, ist wirklich wieder auf der Bildfläche erschienen. Es ging nicht leicht, aber er ist wieder da. Er schien schon da zu sein, als er Miezens Lude wurde und frei herumspazierte mit einem goldenen Zigarettenetui und einer Ruderklubmütze. Aber jetzt ist er erst ganz da, wie er so jauchzt und keine Furcht mehr hat. Jetzt schwanken bei ihm keine Dächer mehr, und sein Arm, na, das hat er davon. Der Sparren aus dem Kopf ist ihm glücklich rausoperiert. Er ist jetzt Lude und wird wieder Verbrecher sein, aber weh tut ihm das alles nicht, im Gegenteil. (269)

Der im 7. Buch geschilderte Handlungsverlauf dementiert nochmals, ein letztes Mal, den überheblichen Gestus des Protagonisten. „Hier saust der Hammer gegen Franz Biberkopf". (271) Und wieder ist es Reinhold, der ihm den entscheidenden Schlag versetzt. Er nimmt ihm das Liebste, was er hat, vergewaltigt und erwürgt Mieze, den einzigen Menschen, der sich vorbehaltslos zu Franz bekannt hat. Und wieder geht dem Fall der Hochmut voraus. In seiner ganzen Borniertheit meint Biberkopf Reinhold zeigen zu müssen, wie sehr Mieze ihn liebt. Selbstgefällig, wie er ist, führt er Reinhold in seine Wohnung, versteckt ihn in seinem Bett, damit dieser von dort – eine Travestierung der Gyges-Episode aus den *Historien* des Herodot bzw. Hebbels Tragödie *Gyges und sein Ring* – mit eigenen Augen sehen kann, wie verliebt Mieze ist. Doch aus der Beobachtungsszene wird eine Entlarvungsszene. Sie endet mit einem Fiasko für den „Helden". Als Mieze Franz ausgerechnet in dieser Situation mitteilt, sie habe sich in einen anderen verliebt, verliert er die Fassung, drischt wütend auf sie ein, schlägt sie zusammen. Nur das Eingreifen Reinholds verhütet Schlimmeres. So wie Biberkopf Ida umgebracht hat, hätte er auch beinahe Mieze getötet. Gleichwohl, Reinhold verkennt die Szene nicht, durchschaut die wahren Motive Miezes, ihre tiefe Beziehung zu Franz. Und gerade deshalb steht sein Entschluß fest. Provoziert durch die lächerliche Renommiersucht Biberkopfs, will er dem Rivalen die Braut ausspannen („Jetzt geht das Kamel wieder rum und strahlt und protzt mit seine Braut; als wenn da was bei ist. Vielleicht nehm ich ihm die doch weg." (305) Doch da ihm dies letztlich nicht gelingt, sie sich gegen seine Zudringlichkeiten während eines Spazierganges wehrt, tut er das, was Biberkopf beinahe getan hätte; er bringt sie um.

Das ist genau der Schlag, von dem sich Biberkopf in seinem „alten" Leben nicht mehr erholt. Der Zweikampf ist verloren, verloren durch eigene Verschuldung, durch sein exorbitantes Geltungsbedürfnis, durch protziges Verhalten und Kraftmeierei. Die Stadt hat sein unsinniges, zielloses Vorwärtsdrängen, das immer im Zirkel verlief, brutal gestoppt. Sie brauchte sich nicht zu verändern; er hat sich nicht verändert, hat weder sein Draufgängertum noch seine Totschlag-Mentalität aufgegeben, hat nichts gelernt. Er hat sich nie real, d. h. umsichtig und kritisch mit den Widerständen und Widersprüchen der Stadt auseinandergesetzt: Entweder rannte er vor ihnen davon oder stürmte ohne Besinnung gegen sie an.

Der Kreis hat sich nun für den ehemaligen Transport- und Zementarbeiter Franz Biberkopf geschlossen. Am Ende steht er wieder dort, wo er nach dem Mord an Ida stand; dumpf und resigniert ist seine Reaktion: „Es ist nichts los auf dieser Welt, ich habe keene Lust, mich wieder zu besaufen, das könnt ich schon, saufen, saufen und saufen, und dann fängt doch der höllische Dreck von vorn an." (358)

Das, was ihn traf, sind keine Schicksalsschläge gewesen. Gescheitert ist er allein an den Folgelasten eigenen Fehlverhaltens. Doch das kann er noch nicht einsehen. Das einzige, was er anzunehmen vermag, ist die Tatsache, daß er ohne Perspektive ist. Selbst die Rache an Reinhold, das erkennt er, ist ihm verwehrt. Das Dasein ist für ihn ohne Wert, es ist sinnlos geworden. So kurzschlüssig, wie er sich immer verhalten hat, reagiert er auch jetzt. „Weil ich aber Reinhold nicht kann töten, bring ich mich selber um. Ich fahr in die Hölle mit Pauken und Trompeten." (358) Fazit: Biberkopfs Gang durch die Stadt hat zwar – horizontal gesehen – Weite, aber – vertikal gesehen – keine Tiefe. Er verbleibt an der Oberfläche. Der „Held" wird im Häusergewirr und Menschentrubel förmlich von Ereignis zu Ereignis gestoßen und gehetzt, fällt manchmal zufällig von einem Unglück in das andere. Eine kausale Abfolge der Handlungen will sich hier nicht einstellen; auf Motivierungen in einem psychologisierenden Sinne legt der Autor auch keinen Wert, weil er zu ihnen kein Vertrauen hat. Der Handlungsverlauf bleibt lückenhaft und kontingent. Weder der Lüders-Betrug motiviert so recht den Fortgang der Handlung, noch ist das Gegenspiel Reinholds zwingend aus dem Erzählverlauf abzuleiten.

Das, was soziologische und psychologische Erklärungsmuster nicht leisten können, nämlich der Geschichte ein gewisses Maß an Kohärenz und Sinn zu verleihen, ereignet sich auf einer anderen überrealen Ebene, im Wechselspiel mythischer und allegorischer Elemente und Figurationen. Allein hier – nicht in einem realistisch-psychologischen Bezugssystem – gewinnt beispielsweise die Figur Reinholds Prägnanz. Er ist auserkoren, den Lebensplan des Helden zu widerlegen, ihm „den Star zu stechen". Er ist Funktionsfigur in dem später vom Tod inszenierten Spiel. Er, der das Böse will, befreit ihn und macht es möglich, daß der Autor ihn – so eine Deutungsvariante Benjamins – in den „Himmel der Romanfiguren" (M 113) entrücken kann.

6.3
Erzählte und montierte Stadt

Berlin in den zwanziger Jahren, das ist nicht nur eine Stadt der Fabrikbesitzer und Börsenspekulanten, der Kleingewerbetreibenden, Angestellten, Arbeiter und Handwerker, das ist auch die Welt derjenigen, die von der bürgerlichen Gesellschaft ausgestoßen worden sind, die in ihr keinen sozialen Ort mehr finden, die Welt der Verarmten und Arbeitslosen, aber auch die der Gauner, Betrüger und Zuhälter. Zu den letzteren gehört auch Biberkopf. Seine Existenz in der Stadt ist, wie gezeigt, für ihn mehr und mehr zum bloßen Überlebenskampf geworden. Will er sich in ihr behaupten, muß er sich mit ihren realen Gegebenheiten und ihrem Gewaltpotential auseinandersetzen. Doch ihren Kräften und Mechanismen kann er nicht widerstehen: Nach seiner Entlassung aus dem Gefängnis wird er, obwohl er anständig bleiben will, in das Dickicht der Stadt, in das Milieu der Kriminellen verschlagen. Hier betätigt er sich als Hehler, Einbrecher und Zuhälter. So ist sein Gang durch die Stadt ein Abstieg ins Asoziale, der ihn sogar an die Grenze des Todes heranführt. Seine großspurigen Versuche, die Stadt zu erobern, enden für ihn immer wieder mit einer Niederlage.

Gleichwohl, Döblin ist nicht daran interessiert, die Verbrecherkarriere Biberkopfs in der Art einer sozialpsychologischen Fallstudie aufzuarbeiten. Dafür äußert er sich zu selten über die Motive seines „Helden". Und auch das Thema der Abhängigkeit Biberkopfs von milieuspezifischen Bedingungen berührt Döblin immer nur am Rande. Mit der später von Fallada verfolgten sozialen Problematik des Strafentlassenen, der sich im bürgerlichen Leben wieder rehabilitieren möchte, aber dennoch rückfällig wird, verbinden Döblins Roman nur Äußerlichkeiten.

Biberkopfs Geschichte vollzieht sich in der Großstadt, wird von ihren Antriebskräften in Schwung gehalten. Was Biberkopf erfährt, wie er lebt und erlebt, ist „ohne Berlin nicht zu denken. Hier ist er geboren und herangewachsen, seine angenehmen und schlimmen Erinnerungen haften an bestimmten Punkten dieser Stadt, deren Sprache er spricht. In ihren Verhältnissen sucht er sich einzurichten, und er ergreift, als überwiegend unentschiedener Charakter, ihre besonderen Gelegenheiten."[33] Doch diese Stadt ist indifferent gegenüber dem persönlichen Schicksal des einzelnen, ist auch ohne die Geschichte Biberkopfs da. In ihrer puren Faktizität, in ihren Gegebenheiten und Verläufen führt sie ein eigenes Dasein, und beansprucht auch ein eigenes episches Gewicht. Dem trägt Döblin in seinem Roman auch Rechnung. In vielen Abschnitten des Romans ist die Stadt unmittelbar gegenwärtig, wird anschaulich gemacht, wie sie funktioniert, wie sie lebt und arbeitet – ohne Biberkopf.

Welche epischen Kunstgriffe nutzt nun Döblin, damit der Leser die Stadt in seinem Lektüreprozeß imaginieren kann? Wie nimmt er persönlich ihre Straßen und Plätze wahr? Wie entwirft er ihre Häuser? Wie vergegenwärtigt er die Menschen- und Verkehrsströme, die in ihr zirkulieren? Und nicht zuletzt, wie findet er in ihrem kollektiven Wesen, in ihren anonymen Abläufen die exemplarische Bedeutung der Geschichte seines „Helden" wieder?

6.3.1
Die Stadt als funktionales System

Die ausführliche Analyse des Romanbeginns vermochte ein erstes Bild der Stadt zu konturieren. Die Großstadt Berlin wird hier vom „Helden" als undurchsichtige, verwirrende Welt empfunden, deren beschleunigten Lebensprozessen er nicht mehr folgen und deren Reizüberschüsse er verstandesmäßig nicht verarbeiten kann. Das ist die eine Seite großstädtischen Lebens: Es ist in seiner Reizfülle und seinen Turbulenzen chaotisch, zusammenhanglos, bedrängend und bedrohlich für den einzelnen. Auf der anderen Seite ist die Stadt aber auch ein diffiziles Netzwerk feiner aufeinander abgestimmter, auf Kalkulierbarkeit angelegter Wechselwirkungen und Korrespondenzen zwischen Individuen, deren Status und Aktionsradius durch abstrakte Vergesellschaftungsformen festgelegt werden. In dieser Vorstellung der Stadt als eines funktionellen Gebildes, als eines organisierten sozialen, ökonomischen, technischen Systems, das durch Kategorien wie Rationalisierung und Versachlichung gekennzeichnet ist, haben solche Begriffe wie Chaos und Zufall keinen Ort mehr. Einem solchem Bild der Stadt begegnet der Leser zum Anfang des zweiten Buches.

Der Erzähler weckt zunächst Erwartungen hinsichtlich des Fortgangs des fiktionalen Geschehens, die er dann doch nicht einlöst. Er greift den Handlungsfaden der Geschichte Biberkopfs auf, um ihn sogleich wieder zu kappen. „Franz Biberkopf betritt Berlin" (38), so heißt es nüchtern zu Beginn. Eine solche Introduktion ist schon allein deshalb überraschend, weil der „Held" – so konstatiert der Erzähler zumindest am Ende des ersten Buches – „wieder nach Berlin und auf die Straße gekomen" (36) ist. Biberkopf tritt hier auch nicht in seine persönliche Geschichte ein, sondern er betritt einen öffentlichen Raum, der durch eine Art amtlicher Topographie bestimmt ist. Hier herrscht also nicht das Prinzip der Sukzessivität der Handlung, sondern das Nebeneinander der Bilder. Was folgt, sind Piktogramme, Schilder mit Titeln, Wappen und Emblemen, die die amtlichen Ressorts einer Stadt anzeigen, Tafeln, wie man sie etwa am Eingang eines städtischen Verwaltungsgebäudes sehen kann: „Handel und Gewerbe", „Stadtreinigungs- und Fuhrwesen", „Gesundheitswesen", „Tiefbau" (38/39) etc. Hier finden wir das an anderer Stelle angedeutete Verhältnis von Linie und Fläche wieder. Die Linie, genauer: die Geschichte Biberkopfs, verläuft sich in der Fläche, wird unkenntlich in der abstrakten amtlichen Topographie der Stadt. Diese wird – ohne erzählerische Reflexion – einfach zitiert und ausgestellt. Hier wird nicht mehr beschrieben, sondern nur noch benannt. Das sich in ihrem instrumentellen System bezeugende, kollektiv organisierte Wesen der Stadt erhält hier vom Autor ein Eigengewicht. Die gegebene Ordnung der Stadt wird im Roman durch ein eigenes Zeichensystem reformuliert:

Das heißt, die episch organisierte Stadt versichert sich bei der behördlich organisierten Stadt. Die Schema-Tafel beschwört einen lebendigen Funktionsverband, den sie selber abstrahiert. Nicht ready made, sondern ready structured, führt sie mit einem Schlag das Gerippe Berlins dem Leser vor Augen. Das Gerippe von Biberkopfs kollektivem Partner, den der Leser durch ihn bisher nur in verrenkten Äußerungen, mithin ins Unübersichtliche verwackelt, kennengelernt hat.[34]

Ob Biberkopf später noch einmal mit den einzelnen Institutionen der Stadt in Berührung kommt, das ist für den Autor an dieser Stelle ohne Gewicht, weil er an Motivierungen und finalen Handlungskonzepten nicht interessiert ist. Entscheidend ist für ihn allein die Selbständigkeit einer der unmittelbaren Anschauung entrückten Verwaltungs- und Funktionsebene der Stadt, für die die privaten Geschichten, die Schicksale der einzelnen letztlich indifferent sind. Pointiert formuliert: Biberkopfs Geschichte kann nicht ohne die Stadt als Lebensraum bestehen, doch diese sehr wohl ohne ihn. Ihm allein fällt es zu, sich zu verändern.

Durchaus in Übereinstimmung mit seinen frühen poetologischen Positionen, bei der Erstellung eines epischen Werkes müsse man schichten, häufen, wälzen und schieben, setzt Döblin in diesem Kapitel seine collagierende Arbeit fort. Da die Stadt nicht mehr in einfachen Geschichten erzählt werden kann, muß sie im epischen Werk montiert werden, gebaut durch Texte und Versatzstücke. Ohne Begründung und Kommentar präsentiert der Autor im Anschluß an die Piktogramme drei aus dem Zusammenhang gerissene Textstücke. Dabei handelt es sich um amtliche Mitteilungen. Offensichtlich will Döblin deutlich machen, wie die zitierten Institutionen und Agenturen arbeiten, wie sie in die alltägliche Lebenswelt der Menschen eingreifen und sie bestimmen.

Hier wäre jedes erklärende Wort deplaziert, jeglicher erzählerischer Eingriff überflüssig. Die bürokratischen Klischees können „der Vermittlung eines Erzählers leicht entraten; was seine Gebrauchsanweisung auf den Sprachleib geschrieben trägt, ist prädestiniert zur Montage."[35]

In der einen behördlichen Mitteilung geht es um die Offenlegung eines Grundstücksplanes; im zweiten Fall handelt es sich um das Schreiben eines Oberbürgermeisters, der einem Herrn Bottich die Genehmigung erteilt, auf einem begrenzten Gelände der Stadt wilde Kaninchen abzuschießen. Zuletzt wird aus einem behördlichen Dankesschreiben an einen Kürschnermeister namens Pangel zitiert, der als ehrenamtlicher Wohlfahrtspfleger tätig war.

Abgefaßt sind alle drei Texte in einer trockenen Behörden- bzw. Amtssprache mit ihren charakteristischen Merkmalen, wie z. B. Nominalstil, präzisen Orts- und Zeitangaben, aufwendiger Syntax. Der Eindruck eines erzählerischen „als-ob" kann hier nicht mehr entstehen. Realität bricht in den Text ein. Sprachliche Muster, wie sie in der Wirklichkeit authentisch gebraucht werden, sind im Roman selbst zu „Realitätsvokabeln" (Broch) geworden.

6.3.2
Die Stadt als Organismus

Das Verfahren, das Geschehen im Roman zu entqualifizieren, ihm die Spannung zu nehmen, aus unterschiedlichen Textmaterialien bzw. Diskursbruchstücken eine Stadt zu montieren, die Stadt gleichsam zum Text werden und sie dabei gleichzeitig als ein geordnetes System von Informationsbahnen und Verkehrsformen erscheinen zu lassen, wird auch in den folgenden Passagen deutlich. Überschrieben sind sie mit dem bezeichnenden Titel: „Der Rosenthaler Platz unterhält sich." (40) Dieser zielt nicht allein auf die Vorstellung eines lärmenden Verkehrsknotenpunktes in der Stadt, als eines Sammelpunktes von Menschen, eines Ortes von unübersichtlichen sozialen Beziehungen und Transaktionen, sondern er suggeriert in erster Linie das Bild von einem pulsierenden Organismus, in dem unaufhörlich Informationen zirkulieren, Kommunikationsströme anschwellen und vergehen. Und genauso wird der Platz im folgenden auch episch erschlossen:

> Wechselndes, mehr freundliches Wetter, ein Grad unter Null. Für Deutschland breitet sich ein Tiefdruckgebiet aus, das in seinem ganzen Bereich dem bisherigen Wetter ein Ende bereitet hat. Die geringen vor sich gehenden Druckveränderungen sprechen für langsame Ausbreitung des Tiefdruckes nach Süden, so daß das Wetter weiter unter seinem Einfluß bleiben wird. Tagsüber dürfte die Temperatur niedriger liegen als bisher. Wetteraussichten für Berlin und weitere Umgebung.
> Die Elektrische Nr. 68 fährt über den Rosenthaler Platz, Wittenau, Nordbahnhof, Heilanstalt, Weddingplatz, Stettiner Bahnhof, Rosenthaler Platz, Alexanderplatz, Straußberger Platz, Bahnhof Frankfurter Allee, Lichtenberg, Irrenanstalt Herzberge. Die drei Berliner Verkehrsunternehmen, Straßenbahn, Hoch- und Untergrundbahn, Omnibus, bilden eine Tarifgemeinschaft. Der Fahrschein für Erwachsene kostet

20 Pfennig, der Schülerfahrschein 10 Pfennig. Fahrpreisermäßigung erhalten Kinder bis zum vollendeten 14. Lebensjahr, Lehrlinge und Schüler, unbemittelte Studenten, Kriegsbeschädigte, im Gehen schwer behinderte Personen auf Ausweis der Bezirkswohlfahrtsämter. Unterrichte dich über das Liniennetz. Während der Wintermonate darf die Vordertür nicht zum Ein- und Aussteigen geöffnet werden, 39 Sitzplätze, 5918, wer aussteigen will, melde sich rechtzeitig, die Unterhaltung mit den Fahrgästen ist dem Wagenführer verboten, Auf- und Absteigen während der Fahrt ist mit Lebensgefahr verbunden.
Mitten auf dem Rosenthaler Platz springt ein Mann mit zwei gelben Paketen von der 41 ab, eine leere Autodroschke rutscht noch grade an ihm vorbei, der Schupo sieht ihm nach, ein Straßenbahnkontrolleur taucht auf, Schupo und Kontrolleur geben sich die Hand: Der hat aber mal Schwein gehabt mit seine Pakete.
Diverse Fruchtbranntweine zu Engropreisen, Dr. Bergell, Rechtsanwalt und Notar, Lukutate, das indische Verjüngungsmittel der Elefanten, Fromms Akt, der beste Gummischwamm, wozu braucht man die vielen Gummischwämme.
Vom Platz gehen ab die große Brunnenstraße, die führt nördlich, die AEG liegt an ihr auf der linken Seite vor dem Humboldthain. Die AEG ist ein ungeheures Unternehmen, welches nach Telefonbuch von 1928 umfaßt: Elektrische Licht- und Kraftanlagen, Zentralverwaltung, NW 40, Friedrich-Karl-Ufer 2–4, Ortsverkehr [...]" (40/41).

Der Platz entsteht nicht nur aus einem Mosaik von miteinander kommunizierenden Texten, die, jeweils gefertigt aus bestimmten Sprachmaterialien, Realitätsausschnitte dieses Ortes authentisch vergegenwärtigen, sondern wird von Texten geradezu umzingelt. Der Autor selbst hat sich an einen Verkehrsknotenpunkt der Stadt begeben, hält auf dem Platz gleichsam seinen Ortstermin. Der Ort des Schreibens wird ihm zum Ort des längst Gesprochenen bzw. Geschriebenen. Noch nicht einmal auf die Mitteilung der Großwetterlage, die auf die Wetteraussichten für Berlin und die weitere Umgebung verengt wird, mag er verzichten. Doch genauso abrupt, wie er den Wetterbericht eingeblendet hat, bricht er ihn auch wieder ab, als ob er plötzlich – ein Zeichen für die nervöse Rezeptionshaltung des Großstädters – das Interesse an ihm verloren habe und auf ein neues Objekt aufmerksam geworden sei. Und so ist es. Anlaß des unvermittelten Text- und Themawechsels ist eine den Platz kreuzende Trambahn, die 68. Mit der Aufzählung der einzelnen Haltestellen, die die Bahn ansteuert, erschließt sich vom Platz als Start und Zielpunkt nicht nur ein Teil des Großraums Berlin, sondern es werden auch überraschende Verbindungslinien zwischen Punkten gezogen, die als solche dem Bewußtsein gar nicht gegenwärtig sind. Der Fahrplan der 68 läßt einen Teil der Topographie der Stadt Realität werden. Doch damit nicht genug. Das hier in den Roman collagierte Teilsystem eines Verkehrsmittels wird unvermittelt unter anderer Relevanznahme nun in das entschieden komplexere System der drei großen in Berlin tätigen Verkehrsunternehmen wie Straßenbahn, Hoch- und Untergrundbahn und Omnibus integriert, nicht allein, um die komplizierte Verzahnung von Verkehr und Ökonomie deutlich zu machen, sondern um im nächsten Schritt sogleich die Satzung dieses zur Tarifgemeinschaft geschlossenen Verkehrsverbundes im „Originalton" einzuspielen. Zitiert werden Vorschriften und Hinweise, die sich auf die Benutzung dieser Verkehrsmittel beziehen. Deutlich wird damit, daß die von den Menschen entwickelten technisch-sozialen Einrichtungen der Stadt rückwirkend ihre Verhaltensweisen beeinflussen, ihnen einen urbanen Verhaltensstil abfordern, damit sie den reibungslosen Ablauf des Stadtbetriebes nicht gefährden.

Daß nichts in dieser Stadt isoliert ist, daß das einzelne, der Mensch, die Gruppe, das Ding, die Straße oder das Gebäude in größere funktionale Zusammenhänge und Kräftefelder eingebettet ist, die der unmittelbaren Anschauung häufig gar nicht zugänglich sind, das zeigt auch die Textpassage, in der – analog zur Nennung der Haltestellen – die Berliner Zweigstellen des AEG-Konzerns aufgelistet werden.

Diese Beispiele mögen genügen, um ein kleines Fazit zu ziehen: Durch die collagierende Tätigkeit des Autors entsteht in der Phantasie des Lesers ein Ort, der „pars pro toto" das Leben der Menschen in der Stadt deutlich macht und gleichzeitig auf deren funktionalen Zusammenhang verweist. Diese Topographie ist nicht als Vermessung der Stadt in einem geographischen oder politischen Sinne zu betrachten, ist weder Stadtplan noch mimetische Annäherung an die Realität des Platzes, sondern beruht auf der Verwendung, dem Zitieren und Arrangieren von Textmaterialien und Dokumenten; allein diese verleihen dem Ort seine unverwechselbare Physiognomie; durch sie wird er lebendig. Dabei markiert sie überraschende Punkte, zieht imaginäre Linien, die aus der bloßen Anschauung von Realität und auch nicht aus deren bloßer

Abstraktion zu gewinnen sind. In dieser Hinsicht ist sie poetische Topographie eines Teiles von Berlin, die mit der in der Schema-Tafel gegebenen amtlichen Ordnung der Stadt teils korrespondiert, teils konkurriert: „Während sie dort von oben nach unten, vom Ganzen zu den Teilen, sich auffächerte, verlängert die Stadt hier, induktiv, das Einzelne in die Verästelungen seines größeren Zusammenhangs."[36]

Diese subjektive Topographie des Rosenthaler Platzes und Berlins entspringt dem, was Döblin in seinem „Berliner Programm" mit dem kontradiktorischen Begriff der „Tatsachenphantasie" umschrieben hat. „Die Autoren", so erläutert er später, „haben keine Fakta aus den Zeitungen zu stehlen und in ihre Werke einzurühren, das genügt nicht. Nachlaufen und Photographie genügt nicht. Selber Faktum sein und sich Raum schaffen dafür in seinen Werken, das macht den guten Autor" (L 115).

Und genau diese Forderungen, die Döblin an den „guten Autor" stellt, bemüht er sich hier einzulösen. Er baut seine Stadt im Roman noch einmal auf, und zwar so, daß die Ecken und Kanten der von ihm verwendeten Bausteine genauso sichtbar bleiben wie die Verfahren, nach denen die Materialien bearbeitet werden. Hier wird nichts geglättet, nichts übertüncht, sondern vor den Augen des Lesers gewälzt, gereiht, angelagert und ausgebreitet. Die Bruchstellen zwischen den einzelnen Bauelementen bleiben dabei immer bestehen. Döblin ist, so hat es H. Kesten trefflich formuliert, wie ein Maurer, „der immer hin- und hergeht mit Steinen", aber „Mörtel tut er keinen dazwischen"[37]. Und genau dieses Verfahren evoziert auch die überraschendsten Wirkungen. Durch das Aufeinandertreffen und Verbinden von Realitätsfragmenten aus unterschiedlichen Wirklichkeitsbereichen entsteht ein lebendiger Text- und Bildraum, der im Erzähler und seinem „Helden" mannigfaltige Assoziationen auslöst, wenn sie ihn durchstreifen:

> Wie die Gedanken der Betroffenen, die mal an diesem, mal an jenem Eindruck sich abstoßen, fortwirkend Verbindungen schaffen zu Nahem und Fernem, genauso ist die Stadt von Verkehrsnetzen, Lichtleitungen, Telefonsträngen und einem vielmaschigen Nexus menschlicher Beziehungen durchdrungen. Kaum minder empfindlich als ein Nervensystem, warten sie nur darauf, an irgendeiner Stelle berührt zu werden, um hier und, sogleich weiterleitend, an vielen ferneren, oft unvorhersehbaren Stellen aufzuzucken.[38]

6.3.3
Die Stadt als sinnliches Ereignis

In den poetischen Montagen des Romans, in der Zusammensetzung von Reklametexten, Piktogrammen, Texten auf Ladenschildern, Zeitungsnachrichten entsteht episch eine Stadt, die sich in ihrem Eigenleben selbst zu genügen scheint. Sie wird nicht nachgebildet, sondern ist einfach präsent, vorhanden als Verknüpfung von Zeichen. Das wird besonders in den zentralen Passagen des Romans zu Beginn des vierten und fünften Buches sinnfällig, in denen der Berliner Alexanderplatz sich selbst präsentiert. Hier wird man der Stadt nicht so sehr als eines durch Strukturen und Funktionen geprägten Gefüges ansichtig, sondern als eines Ortes, der Veränderungen unterliegt, dauernd in Bewegung ist, ständig Geräusche erzeugt.

Der Berliner Alexanderplatz ist – nach Benjamin – der Ort in der Stadt, „wo seit zwei Jahren die gewaltsamsten Veränderungen vorgehen, Bagger und Rammen ununterbrochen in Tätigkeit sind, der Boden von ihren Stößen, von den Kolonnen der Autobusse und U-Bahnen zittert".[39] Hier werden die Straßen aufgerissen und unterwühlt, Gebäude abgebrochen, Materialien hin- und herbewegt. In der Tat, hier erfährt die Stadt ihre gewaltsamsten Veränderungen. Und gerade deshalb ziehen die Abriß- und Neubauarbeiten die Menschenmassen an, die den Platz überqueren. Ihre besondere Aufmerksamkeit erheischt die ständig niedersausende Dampframme:

> Rumm rumm wuchtet vor Aschinger auf dem Alex die Dampframme. Sie ist ein Stock hoch, und die Schienen haut sie wie nichts in den Boden.
> Eisige Luft. Februar. Die Menschen gehen in Mänteln. Wer einen Pelz hat, trägt ihn, wer keinen hat, trägt keinen. Die Weiber haben dünne Strümpfe und müssen frieren, aber es sieht hübsch aus. Die Penner haben sich vor der Kälte verkrochen. Wenn es warm ist, stecken sie wieder ihre Nasen raus. Inzwischen süffeln sie doppelte Ration Schnaps, aber was für welchen, man möchte nicht als Leiche drin schwimmen.
> Rumm rumm haut die Dampframme auf dem Alexanderplatz. Viele Menschen haben Zeit und gucken sich an, wie die Ramme haut. Ein Mann oben zieht immer eine Kette, dann pafft es oben, und ratz hat die Stange eins auf den Kopf. Da stehen die Männer und Frauen und be-

sonders die Jungens und freuen sich, wie das geschmiert geht: ratz kriegt die Stange eins auf den Kopf. Nachher ist sie klein wie eine Fingerspitze, dann kriegt sie aber noch immer eins, da kann sie machen, was sie will. Zuletzt ist sie weg, Donnerwetter, die haben sie fein eingepökelt, man zieht befriedigt ab. (144)

Die Arbeit dieser monströsen Maschine macht den Platz gleichsam zum sinnlichen Ereignis. Die von ihr mechanisch verrichteten Bewegungen werden so, wie sie sich der gaffenden Menschenmenge darbieten, akribisch vom Autor erfaßt; die dumpfen Geräusche, die sie hervorbringt, werden durch mannigfaltige sprachliche Kunstgriffe, wie z. B. Lautmalereien, Wortwahl, rhythmisierte Satzfolge etc. veranschaulicht. Diese erzeugen Unmittelbarkeit, atmosphärische Dichte und Plastizität. Der Ort und die ihn beherrschende Sache scheinen identisch mit der Sprache zu werden, die der Autor spontan verwendet. Hier realisiert sich in nuce die von Döblin immer wieder reklamierte Augenblickspoetik des Romans: „Beim Produzieren treten die Kräfte des Materials, des Wortes, Klanges, der Begriffe, Assoziationen, die seelischen des Menschen erst in Erscheinung." (L 341 f.)

Und dieses virtuose sprachliche Spiel mit Geräuschen, Bewegungen, Formen und Farben setzt der Autor fort:

> Wie die Bienen sind sie über den Boden her. Die basteln und murksen zu Hunderten rum den ganzen Tag und die Nacht.
> Ruller ruller fahren die Elektrischen, Gelbe mit Anhängern, über den holzbelegten Alexanderplatz. Abspringen ist gefährlich. Der Bahnhof ist breit freigelegt, Einbahnstraße nach der Königstraße an Wertheim vorbei. Wer nach dem Osten will, muß hinten rum am Präsidium vorbei durch die Klosterstraße. Die Züge rummeln vom Bahnhof nach der Jannowitzbrücke, die Lokomotive bläst oben Dampf ab, grade über dem Prälaten steht sie, Schloßbräu, Eingang eine Ecke weiter. (145)

Der Autor geht hier so nahe an die Realität heran, daß sie für den Leser – bis zur Schmerzgrenze – körperlich spürbar wird. Das, was auf dem Alexanderplatz geschieht, was sich hier bewegt und bewegt wird, wird im Leser selbst zum Ereignis. Das Trommelfeuer der optischen und akustischen Reize droht ihn, um an ein zentrales Wortfeld des Textes anzuknüpfen, förmlich „niederzuschlagen".
Sicherlich sind hier die Beziehungen, die Döblin mit den radikalen poetischen Experimenten des von ihm so sehr geschätzten

Arno Holz verbinden, besonders greifbar. Mit seiner poetischen Arbeit, mit dem sprachlichen Arrangieren von kindlichen Naturlauten, Elementen der Comicsprache und dem Berliner Slang leistet Döblin genau das, was seiner Meinung nach der radikale Naturalist Holz mit seiner „Wortkunst" erreichen wollte, nämlich „die Realität und die wirkliche unentstellte ‚Natur' (zu) befreien" (L 159).

Am Alexanderplatz hat Döblin die tumultarische Realität der Großstadt in ihrer Wucht und Gewalt wahrnehmen und notieren können. Diese Wirklichkeit versucht der Autor in seinem Roman aufs neue zu entfesseln; sinnfällig wird sie hier in ihren Fragmentisierungen und Turbulenzen.

Das, was dem wahrnehmenden Bewußtsein angesichts solcher Reizfülle versagt bleibt, nämlich Übersicht über die zerklüftete, zersplitterte Realität zu bewahren, gar das disparate Vielfältige zu ordnen, gelingt dem Dichter auf einer anderen Ebene. Indem er mit der Sprache arbeitet und spielt, indem er Materialien, die auseinandertreiben, im Text zusammenzwingt, schafft er überraschende Korrespondenzen, Resonanzen und Verweisungszusammenhänge. Das leitet über zu einem weiteren wirkungsmächtigen Bild der Stadt.

6.3.4
Die Stadt als Ort der Gewalt – Megamaschine und Schlachthof

Die Dampframme, die am Alexanderplatz arbeitet und die wegen ihrer Größe, Lautstärke und Bewegungen die Beachtung der den Platz überquerenden Menschen findet, ist nicht nur technischer Bestandteil großstädtischer Wirklichkeit, ihr kommt auch innerhalb des BA ein zentraler symbolischer Sinn zu. In dieser Hinsicht besitzt sie geradezu eine Schlüsselposition für die Deutung des Textes als Großstadtroman. In ihrer monotonen Mechanik und dumpfen Gewalt ist sie Bild für die Macht, die die Stadt über die Menschen, die in ihr leben, ausübt. Derweil sie von dem staunenden Menschen als allmächtiges Subjekt wahrgenommen wird, das unaufhörlich mit roher Kraft die Materialien bewegt und traktiert, erfährt dieser sich nur noch als Objekt, ja als bloßes Material der gigantischen Maschinerie:

> Rumm rumm ratscht die Ramme nieder, ich schlage alles, noch eine Schiene. Es surrt über den Platz vom Präsidium her, da nieten sie, da schmeißt eine Zementmaschine ihre Ladung um. Herr Adolf Kraun, Hausdiener, sieht zu, das Umkippen der Wagen fesselt ihn enorm, du schlägst alles, er schlägt alles. Er lauert immer gespannt, wie die Lore mit dem Sand auf der einen Seite hochgeht, da kommt die Höhe, bums, und nun dreht sie sich. Man möchte nicht so aus dem Bett geschmissen sein, Beine hoch, runter mit dem Kopf, da liegst du, kann einem was passieren, aber die machen das egalweg. (148)

Die Erfahrung dieser Maschinerie ist sicherlich ein höchst suggestives Bild dafür, wie die Geschichte Biberkopfs, wenn sie in das Räderwerk der Megamaschine Stadt gerät, ihrer Autonomie verlustig geht und wie er selbst als Objekt „abgeschmissen" wird. Wenige Seiten später konstatiert der Erzähler lakonisch: „Um diese Zeit lag Franz schon in einer andern Stadtgegend auf dem Boden, den Kopf im Rinnstein, die Beine auf dem Trottoir." (178)

Die Maschine ist Teil des zivilisatorischen Apparates Stadt und gleichzeitig sinnfälligster Ausdruck zwanghafter Funktionalität. Die realen Schläge, die die Dampframme austeilt, sind nichts anderes als ein Verweis auf die Hammerschläge, die Biberkopf noch erhalten wird.

> Auch er soll durch wuchtige Hiebe erneuert werden, doch die längste Zeit verkennt er ihren Sinn. In beinahe jedem Buchvorspann der zweiten Romanhälfte weist der Erzähler auf das immer kräftiger sich steigernde Wumm-wumm, das Biberkopf als primäre Schicksalsschläge mißdeutet, wo es doch nur mahnende Antwortzeichen sind auf sein Fehlverhalten.[41]

Das, was die Einzelmetapher der Dampframme punktuell für die Deutung des Verhältnisses von Einzelschicksal und Großstadt leistet, wird im vierten Buch des Romans von den berühmten Schlachthofszenen schon paradigmatisch vorbereitet. Der Schlachthof Berlins ist realer Ort strukturell und mechanisch ausgeübter Gewalt, eine nach verwaltungstechnischen Prinzipien organisierte Enklave in der Stadt, eine Stätte, an der Schweine – technisch perfekt – „aus der Ahnungslosigkeit des Lebens direkt ins Wellfleischdasein hinübergebrüht"[42] werden. Zugleich ist er aber auch metaphorischer Ort. Die Großmetapher von der Tötungsmaschinerie des Schlachthofes präfiguriert insgesamt die Gewalt, die menschliches

Leben in seinen elementaren Vollzügen prägt. Die in biblischer Sprache gefaßten Titel der beiden Schlachthofkapitel – es handelt sich jeweils um Zitate aus dem Prediger Salomon – bringen solche Bestimmung auf den Punkt: „Denn es geht dem Menschen wie dem Vieh; wie dies stirbt, so stirbt er auch" (117); der Titel des vierten Kapitels ist eine Übernahme aus Prediger 3, 19; die Überschrift des übernächsten Kapitels „Und haben alle einerlei Odem, und der Mensch hat nichts mehr denn das Vieh" (127) setzt das Zitat fort.

Exemplarisch gemacht werden die Schilderungen des Schlachthofes an der Geschichte Biberkopfs. Wie das Vieh in die Hallen gepfercht, dort betäubt und abgestochen wird, wird er in die Stadt getrieben, in ihr ausgesetzt und in seiner Existenz vernichtet. Bis in die sprachliche Realisierung, bis in die Lautung, Wortwahl und Motivik hinein erinnert die Schilderung der Tötung eines großen weißen Stiers an die Arbeit der Dampframme. Gleichzeitig verweist sie aber auch auf das, was die anonyme Maschinerie der Großstadt mit ihrem übermenschlichen Gewaltpotential Biberkopf in seiner ganzen Dumpfheit, Hilflosigkeit und Ignoranz zufügt:

> Ein großer weißer Stier wird in die Schlachthalle getrieben. Hier ist kein Dampf, keine Bucht wie für die wimmelnden Schweine. Einzeln tritt das große starke Tier, der Stier, zwischen seinen Treibern durch das Tor. Offen liegt die blutige Halle vor ihm mit den hängenden Hälften, Vierteln, den zerhackten Knochen. Der große Stier hat eine breite Stirn. Er wird mit Stöcken und Stößen vor den Schlächter getrieben. Der gibt ihm, damit er besser steht, mit dem flachen Beil noch einen leichten Schlag gegen ein Hinterbein. Jetzt greift der eine Stiertreiber von unten um den Hals. Das Tier steht, gibt nach, sonderbar leicht gibt es nach, als wäre es einverstanden und willige nun ein, nachdem es alles gesehn hat und weiß: das ist sein Schicksal, und es kann doch nichts machen. Vielleicht hält es die Bewegung des Viehtreibers auch für eine Liebkosung, denn es sieht so freundlich aus. Es folgt den ziehenden Armen des Viehtreibers, biegt den Kopf schräg beiseite, das Maul nach oben.
> Da steht der aber hinter ihm, der Schlächter, mit dem aufgehobenen Hammer. Blick dich nicht um. Der Hammer, von dem starken Mann mit beiden Fäusten aufgehoben, ist hinter ihm, über ihm und dann: wummm herunter. Die Muskelkraft eines starken Mannes wie ein Keil eisern in das Genick. Und im Moment, der Hammer ist noch nicht abgehoben, schnellen die vier Beine des Tieres hoch, der ganze schwere Körper scheint anzufliegen. Und dann, als wenn es ohne Beine wäre, dumpft das Tier, der schwere Leib, auf den Boden, auf die starr ange-

krampften Beine, liegt einen Augenblick so und kippt auf die Seite. (122/123).

Die Entsprechungen zur Biberkopf-Geschichte sind hier überdeutlich vom Autor eingezeichnet: Da ist die Rede von der Stärke und Größe des Stiers; von seiner dumpfen Schicksalsergebenheit, von den tödlichen Hammerschlägen, die er empfängt. Und doch hat auch dieser Vergleich, so suggestiv die Parallelen sind, seine Grenzen. So sehr die Figur Biberkopfs auch in die Rolle des Opfers gedrängt wird, vom Vieh, das dumpf und ahnungslos in den Tod geht, grenzt ihn immer noch sein Menschsein ab, und das ist die Fähigkeit, zu unterscheiden und zu entscheiden, mit anderen Worten: vernünftig zu sein und zu handeln. Mithin treffen „die Schläge Biberkopf ja nicht etwa als unentrinnbares Verhängnis, sondern weil er sich weigert, die Augen aufzumachen, zu erkennen, was er ist und was er vermag."[43] Biberkopf ist, so triebhaft, so animalisch er sich manchmal in seinen Verhaltensweisen zeigt, so erkenntnislos er in seinen Untergang marschiert, kein Vieh, das sich willig abschlachten läßt. Hätte er nicht zumindest Dispositionen und wohl auch Fähigkeiten, das Hier und Jetzt von Situationen zu beurteilen und auch zu überschreiten, wären alle Ermahnungen und Warnungen des Erzählers bzw. des Todes von vornherein überflüssig. Nur dank dieser Fähigkeit ist es ihm am Schluß – nach seiner Erneuerung – auch möglich, sich von der „Zunft" der „Ochsen" loszusagen. (vgl. 410)

Vor dem Hintergrund dieser Überlegungen ist auch ein weiteres Bild aus dem Bereich des Mechanischen zu verstehen, das im Roman die großstädtische Welt in ihrer Verquickung mit der Geschichte Biberkopfs zu charakterisieren scheint:

> Die Welt ist von Eisen, man kann nichts machen, sie kommt wie eine Walze an, auf einen zu, da ist nichts zu machen, da kommt sie, da läuft sie, da sitzen sie drin, das ist ein Tank, Teufel mit Hörnern und glühenden Augen drin, sie zerfleischen einen, sie sitzen da, mit ihren Ketten und Zähnen zerreißen sie einen. Und das läuft, und da kann keiner ausweichen. Das zuckt im Dunkeln; wenn es Licht ist, wird man alles sehen, wie es daliegt, wie es gewesen ist. (187)

Die Welt der Großstadt als „locus terribilis", als Stätte permanenter Gewalt und Zerstörung, als monströse kriegerische Maschinerie, der man nicht ausweichen kann, die alles niederwalzt, das sind die ersten Eindrücke, die sich dem Leser nach flüchtiger Lektüre dieser Textpassage aufdrängen. Doch entspricht diese fatalistische Deutung der Stadt auch der Meinung des Autors? Keineswegs. Berücksichtigt man den Kontext, in dem sich das Bild von der Welt aus Eisen findet, so wird deutlich, daß es hier allein der verzerrten Sichtweise Biberkopfs entspringt. Es ist subjektiver Reflex des Protagonisten auf etwas, was er allein für unvermeidlich hält, geäußert bzw. gedacht in der Situation, in der ihn die Pumsbande dazu zwingt, bei dem Einbruch mitzumachen. Das eigene Erkenntnis- und Verantwortungsdefizit wird hier nicht von ihm wahrgenommen. Kompensiert wird es von fatalistischen Vorstellungen gegenüber der „eisernen" Welt, die alles, was sich ihr in den Weg stellt, zermalmt. Dieses mit apokalyptischer Motivik durchsetzte Vorstellungsbild großstädtischer Wirklichkeit verweist indes auf eine letzte Deutung der Großstadt: auf die „Hure Babylon".

6.3.5
Die apokalyptische Deutung der Stadt

Von Beginn an hat der Kampf des „Helden" in und mit der Stadt mythische Ausmaße. Die Großstadt ist für Biberkopf eine Art Pandämonium. Den Dingen in ihr kommt ein gespenstisches Eigenleben zu, diese bedrohen und verfolgen ihn. Vor allem sind es aber auch apokalyptische Denkfiguren, die – neben den Bildern aus der biblischen Urgeschichte – in die Texte des Romans eingewoben sind. Insbesondere die Allegorie der „Hure Babylon" aus der Offenbarung des Johannes, dort ein visionäres Bild für das gottlose, geltungssüchtige Rom, das die Christen als Gottes Volk bedrängt und verfolgt, erhält im Verlaufe des Romans als ein Deutungsmuster der Stadt ein immer schärferes Profil. Die Stationen der kriminellen Karriere Biberkopfs werden durch ihr Auftreten besonders markiert. Bezeichnenderweise taucht sie das erste Mal auf, als Biberkopf, nachdem er den zweiten schweren Schlag erhalten hat und provisorisch genesen ist, zögerlich versucht, sich erneut, ein drittes Mal, auf Berlin einzulassen:

> Und nun komm her, du, komm, ich will dir etwas zeigen. Die große Hure, die Hure Babylon, die da am Wasser sitzt. Und du siehst ein Weib sitzen auf einem scharlachfarbenen Tier. Das Weib ist voll Namen der Lästerung und hat 7 Häupter und 10 Hörner. Es ist bekleidet mit Purpur und Scharlach und übergüldet mit Gold und edlen Steinen und

Perlen und hat einen goldenen Becher in der Hand. Und an ihrer Stirn ist geschrieben ein Name, ein Geheimnis: die große Babylon, die Mutter aller Greuel auf Erden. Das Weib hat vom Blut aller Heiligen getrunken. Das Weib ist trunken vom Blut der Heiligen. (211)

Biberkopf ist geblendet vom prunkvollen, protzigen Auftreten der „Hure" und erliegt ihrem gleisnerischen Wesen, ihren Versuchungen und Verlockungen; mit anderen Worten: die Stadt mit ihrem ganzen Verführungspotential hat ihn wieder. Sie ist nicht in Ordnung, das hat er mittlerweile durchschaut. Und weil dies so ist, will er selbst auch nicht anders sein, gibt er seinen Vorsatz auf, anständig zu sein. Er überläßt sich ganz der gefallsüchtigen „Hure"; ihre Prahlerei überträgt sich auch auf ihn: „Franz Biberkopf aber zieht durch die Straßen, er trabt seinen Trab und gibt nicht nach und will nichts weiter, als mal ordentlich zu Kraft kommen, stark in den Muskeln. Es ist warmes Sommerwetter, Franz zieht sich von Kneipe zu Kneipe." (211). So wie die Hure – parasitär und gierig – trinkt vom Blut der Heiligen, säuft Biberkopf sich Mut an, um überflüssige Gedanken (211) zu vertreiben.

Von nun an begleitet die Erscheinung der „Hure" seinen Lebensweg, der immer weiter ins Abseits, direkt ins „Sündenbabel" hineinführt. Sehr oft, wenn der Erzähler auf die Verstrickung Biberkopfs in der Stadt, mithin auf seine kriminelle Karriere zu sprechen kommt, taucht auch das frevelhafte Weib auf: „Jetzt seht ihr Franz Biberkopf als einen Hehler, einen Verbrecher, der andere Mensch hat einen andern Beruf, er wird bald noch schlimmer werden. Es ist ein Weib, bekleidet mit Purpur und Scharlach und übergüldet mit edlen Steinen und Perlen und hat einen goldenen Becher auf der Hand. Sie lacht." (226)

Der von Döblin leicht modifizierte Text der johanneischen Apokalypse ist für den Leser ein Leitmotiv, dessen Auftreten ihm das Fehlverhalten der Hauptfigur im Dschungel der Stadt signalisiert. Ihren größten Triumph scheint die „Hure" nach der Ermordung Miezes durch Reinhold zu feiern. Reinhold hat Biberkopf, um den Tatverdacht auf ihn abzuwälzen, überredet unterzutauchen. Dieser versteckt sich auch in einem Gartenhaus in Wilmersdorf. Dort informiert ihn Eva über Miezes Tod. Das ist der absolute Tiefpunkt für ihn; die „Hure Babylon" kann nun frohlocken, um so mehr, als Biberkopf auch in dieser Situation keine Einsicht zeigt. Sein Fatalismus, seine bornierte Seh- und Lebensweise finden den gemäßen Ausdruck in den Versatzstücken einer um ihre Heilsdimensionen verkürzten Apokalyptik: „Sieben Häupter und zehn Hörner, in der Hand einen Becher voll Greuel. Die werden mir nu schon ganz kriegen, dagegen gibts nun nischt mehr zu machen!" (347) Spätestens an dieser Stelle wird kenntlich, daß die Verwendung dieser allegorischen Figur als Leitmotiv in Döblins Roman noch weit über die Deutung der Großstadt als Ort der Versuchung, als Inkarnation des Bösen hinausweist, letztlich in einen theologischen bzw. metaphysischen Raum führt, in dem es buchstäblich um letzte existentielle Fragen geht, um Heil und Unheil, Leben und Tod. Das führt auch eindringlich die Situation vor Augen, in der die „Hure Babylon" ein letztes Mal auftritt und von ihrem Widerpart, dem „Tod", vertrieben wird. Im Romanfinale streiten beide um das Leben Biberkopfs: Der eine, der „Tod", ist – nach einem Wort Goethes – Kunstgriff des Lebens, ermöglicht Leben, ist dessen unerläßliche Bedingung; nur in seinem Angesicht, in der unmittelbaren Konfrontation mit ihm, stellt sich für Biberkopf überhaupt die Frage nach dem Lebenssinn. Die andere, die „Hure", wollte ihn zum Leben verführen und meinte doch nur seinen Untergang. Sie hat ihn verführt und hat ihn verdorben. Indem er sich gehenließ, hemmungslos und ohne Vernunft, sich isoliert den bösen Zugkräften und tödlichen Gewaltmechanismen der Stadt überließ, ohne nach dem Warum und Wozu zu fragen, ohne sich über die Gesetze, die hier herrschen, im klaren zu sein, scheiterte er in und an der Stadt. So erfüllt sich letztlich an ihm das Jeremias-Zitat aus der Juden-Episode des ersten Buches, das der alte Rebbe beim Anblick Biberkopfs bedeutungsschwer assoziierte: „Sprach Jeremia, wir wollen Babylon heilen, aber es ließ sich nicht heilen. Verlaßt es, wir wollen jeglicher nach seinem Lande ziehen. Das Schwert komme über die Kaldäer, über die Bewohner Babylons." (14)

Die Deutung der Stadt im Lichte der Apokalypse ist allerdings auch nicht mißzuverstehen. Die Stadt ist nicht schlechthin der Sündenpfuhl, Stätte des Bösen, Spielplatz dämonischer Mächte. Döblin hat dieser Verteufelung der Großstadt zeitlebens eine scharfe Absage erteilt. Für ihn bleibt die Stadt in ihrem Erscheinungsbild ambivalent. So wie das Leben selbst ist auch sie aus „Zucker und Dreck", in ihr kann der Mensch seine Möglichkeiten ergreifen, sie aber auch verfehlen. Das macht sein Leben in ihr riskant und verletzbar. So bleibt der Trost für den Erzähler, daß auch der Mythos der Stadt nicht ewig Bestand hat; spöttisch-ironisch, fast ein wenig amüsiert äußert er sich anläßlich der Abbrucharbeiten am Alexanderplatz über die Fragilität und Vergänglichkeit der großen Städte:

> Von Erde bist du gekommen, zu Erde sollst du wieder werden, wir haben gebauet ein herrliches Haus, nun geht hier kein Mensch weder rein noch raus. So ist kaputt Rom, Babylon, Ninive, Hannibal, Cäsar, alles kaputt, oh, denkt daran. Erstens habe ich dazu zu bemerken, daß man diese Städte jetzt wieder ausgräbt, wie die Abbildungen in der letzten Sonntagsausgabe zeigen, und zweitens haben diese Städte ihren Zweck erfüllt, und man kann nun wieder neue Städte bauen. Du jammerst doch nicht über deine alten Hosen, wenn sie morsch und kaputt sind, du kaufst neue, davon lebt die Welt. (146)

6.4
Erzählen aus mythischer Erinnerung

Döblin vergegenwärtigt den Lesern die Großstadt nicht nur als Ort mit lokalen Eigenheiten, als einen urbanen Komplex von besonderen Gebäuden, Straßen und Plätzen, auch nicht allein als bestimmtes Milieu, das Menschen in ihren Wahrnehmungen, Vorstellungen und Verhaltensweisen prägt. Die Großstadt ist, wie wir gesehen haben, auch ein Raum, in dem „Texte" produziert, verteilt und gelesen, erinnert, assoziiert und gedanklich verarbeitet werden. Stellenweise wird die Stadt durch Texte geradezu aufgebaut, ist sie „Stadt aus Worten in der Weite des Textraums"[44]. Wetterberichte, Amtsschreiben, Reklametexte, Statistiken, Zeitungsmeldungen, Prospekte, Plakate, Schlager, Ausschnitte aus Groschenromanen, das sind die Texte, die Diskurse, aus denen sie sich konstituiert. Hinzu kommen Texte aus der allgemeinen Bildungsgeschichte der Menschen, Ausschnitte aus den Klassikern, Erzählungen, Mythen, Exempel aus uralter Vergangenheit, die im kollektiven Gedächtnis der Stadt aufbewahrt sind, das Denken und Handeln ihrer Bewohner fast ständig überlagern. An diesem kollektiven Gedächtnis partizipiert auch das Bewußtsein des Romanerzählers. Dieses gibt den hermeneutischen Rahmen als Verstehens- und Überlieferungszusammenhang vor, an den er sein Erzählen rückbindet. In dem

Maße, wie er die Geschichte des Franz Biberkopf, also die Spuren, die dieser bei seinem Gang durch die Stadt hinterläßt, verfolgt, aus den Augen verliert und wiederfindet, wie er sie erklärt und deutet, erinnert er in assoziativer Form bedeutsame Texte, Geschichten, lehrhafte Sätze, die Menschen in aktuellen und bestimmten geschichtlichen Situationen verfaßt haben; vorzugsweise Erzählungen aus dem Alten Testament, aber auch mythische Motive und Stoffe aus dem Umkreis der griechischen Antike. In teilweise verwirrender Weise werden die Bilder aus mythischer Erinnerung mit dem Erzählverlauf verknüpft. Punktuell erscheinen sie als Sprachassoziationen auf der Anspielungsebene, umfassender als Textparaphrasen bzw. als Zitatreminiszenzen. Teils kommentierend, teils parodierend begleiten sie das „wild-wuchernde Erzählen von Vorgängen um ein Großstadtschicksal"[45]. Sie nur als Parallelisierungen und Analogiebilder zur Geschichte Biberkopfs zu sehen, würde allerdings ihren Eigenwert, ihre Eigendynamik und damit auch ihre Selbständigkeit verkennen. Sie deuten voraus oder dienen – wie das Motiv vom „Schnitter Tod" – als Kontrapunkte.

Mit dem Elan und der Neugierde des Archäologen gräbt sich der Autor in den literarischen Untergrund der Stadt, „schichtet", „häuft", „wälzt" und „schiebt" auch hier, fördert wirkungsmächtige, aber auch längst verschüttete und vergessene Bruchstücke einer großen literarischen Tradition zutage, lagert sie seiner Geschichte an und durchsetzt sie mit ihnen. Damit gewinnt diese eine ungeahnte Tiefe, wird gleichsam vom Untergrund her exemplarisch gemacht. In dem Schicksal des ehemaligen Transport- und Zementarbeiters Biberkopf spiegeln sich die elementaren Themen und Konfigurationen der menschlichen Bildungsgeschichte, ja biblischer Urgeschichte wider.

Aufs Ganze gesehen lassen sich neben dem mythischen Bild von der „Hure Babylon" noch weitere zentrale Motivkreise ausmachen, die Döblin in einer Mischung aus Originalzitat und erzählender Paraphrase in seine Romanfabel eingebaut hat: z. B. die Adam-und-Eva-Erzählung aus der jahwistischen Urgeschichte, die Opferszene aus dem Abraham-Isaak-Komplex der Patriarchenerzählungen und Textpassagen aus dem Hiob-Buch.

Es ist sicherlich nicht ganz unproblematisch, aus diesen heterogenen Symbol- und Motivkreisen wieder ein kohärentes Geschichtsmuster mit den Stationen Ursprung, Sündenfall, Tod und

Erlösung herauszulesen, das im Erzählduktus fortlaufend auf die Geschichte Biberkopfs hin transparent gemacht wird[46]. Ohne Zweifel gibt es Korrespondenzen, Ähnlichkeiten, Wechselbeziehungen, Spiegelungen, Kontraste zwischen diesen Nebengeschichten und der Haupterzählung, zwischen Biberkopf und den biblischen Gestalten. Döblin hat solche Beziehungsvielfalt, d. h. das komplex inszenierte Verweisungsspiel von Bildern, Motiven und Symbolen an anderem Ort mit dem Begriff der Resonanz als eines naturgeschichtlichen Urphänomens zu erklären versucht. Doch verkürzt und mißversteht man diesen Begriff, wenn man ihn letztlich ausschließlich wieder auf ein heilsgeschichtliches Konzept im Sinne der christlichen Jedermann-Fabel verpflichtet.[47] Das hieße, dem epischen Prozeß des Romans einen Sinn zu substituieren, gegen den er sich noch an seinem Ende heftig wehrt.

Die Bibelzitate und Nacherzählungen von biblischen Geschichten konstituieren motivisch bestimmte Spannungsfelder, die je für sich antinomisch organisiert sind, z. B. durch Oppositionen, wie Ordnung und Unordnung, Stolz und Demut, Erkennen und Verkennen, Heil und Unheil, Leben und Tod. In dieser Form werfen sie immer schon ein Licht auf die Haupthandlung, in ihnen findet der Leser nicht nur Anhaltspunkte für das Verstehen von Biberkopfs Denken und Verhalten, sondern öfters auch vorausdeutende Hinweise auf das weitere Geschehen. Daß sie dabei stets nur kontextgebunden analysiert werden können, zeigt schon die poetische Verwendung des Adam-und-Eva-Motives.

6.4.1
Erzählungen vom Paradies

Das erste Mal findet sich eine Variation der Erzählung vom Paradies zu Beginn des zweiten Buches:

> Es lebten einmal im Paradies zwei Menschen, Adam und Eva. Sie waren vom Herrn hergesetzt, der auch Tiere und Pflanzen und Himmel und Erde gemacht hatte. Und das Paradies war der herrliche Garten Eden. Blumen und Bäume wuchsen hier, Tiere spielten rum, keiner quälte den andern. Die Sonne ging auf und unter, der Mond tat dasselbe, das war eine einzige Freude den ganzen Tag im Paradies. (37)

Schroff hebt sich diese Idylle von der Vorrede ab, die dem Text unmittelbar vorausgeht. Von der zeitlosen Freude und dem zwischenmenschlichen Glück im Garten Eden weiß der Erzähler der Geschichte Biberkopfs nichts. Im Gegenteil, für ihn stehen Veränderungen, schmerzhafte Erfahrungen Biberkopfs bevor. Um ihn davor zu bewahren, erwägt er – spielerisch – für einen Augenblick sogar den Abbruch seines Unternehmens, doch dann besinnt er sich auf sein ursprüngliches Anliegen zurück: Biberkopf ist für ihn eben kein beliebiger Mann. Er hat ihn „hergerufen zu keinem Spiel, sondern zum Erleben seines schweren, wahren und aufhellenden Daseins." (37)

Nur davon weiß der Protagonist noch nicht. Noch meint er, „vergnügt und breitbeinig im Berliner Land" (37) zu stehen, noch glaubt er an diese Welt und ihre Ordnung, noch glaubt er, sich in ihr einrichten zu können, in ihr Integrität bewahren zu können. Er teilt noch die Naivität von der prästabilierten Harmonie zeitlosen, unschuldigen Daseins, die die Döblinsche Paraphrase der Erzählung vom Garten Eden suggeriert und deren unbeschwerter, spielerischer Charakter noch in dem Kinderlied aus Humperdincks Märchenoper „Hänsel und Gretel" („Mit den Händchen klapp, klapp, klapp, mit den Füßchen trapp, trapp, trapp, einmal hin, einmal her, ringsherum, es ist nicht schwer.") (37) weiterklingt. Doch das letzte Wort der Vorrede überschattet schon drohend und warnend das vorgeblich zeitlose Glück im Paradies, in dem Biberkopf sich zu sonnen meint. Nur noch eine „Gnadenfrist" mag der Erzähler dem „Helden" zugestehen. Dann beginnt die Qual.

Die Welt, in der Biberkopf sich bewegt, ist kein Paradies, ist „nicht in Ordnung" (81). Das erfährt auch Biberkopf, als er in einer Kneipe, provoziert durch einige Kommunisten, in Streitigkeiten gerät und zu toben beginnt. Doch will er seinen naiven Kinderglauben noch nicht fahren lassen. Franz ist für Ordnung. Und „Ordnung muß im Paradies" (69) sein. Hartnäckig kompiliert der Erzähler das Bild vom unversehrten, glücklichen Leben im Paradies, um die illusionäre Haltung seines „Helden" und dessen aus ihr resultierenden überheblichen Umgang mit der Welt zu entlarven.

Der weitere Ausbau des Motivs im Verlauf des Romans, die Verknüpfung der Paradies-Erzählung mit der Geschichte von der Verführung durch die Schlange, macht deutlich, daß es dem Handlungsgeschehen hinterherhinkt. Erst nachdem Lüders Franz so schmählich betrogen hat, taucht es in der erweiterten Form auf:

Es war das wunderbare Paradies. Die Wasser wimmelten von Fischen, aus dem Boden sprossen Bäume, die Tiere spielten, Landtiere, Seetiere und Vögel.
Da raschelte es in einem Baum. Eine Schlange, Schlange, Schlange streckte den Kopf vor, eine Schlange lebte im Paradiese, und die war listiger als alle Tiere des Feldes, und fing an zu sprechen, zu Adam und Eva zu sprechen. (95)

Auch Franz hat sich verführen lassen, nicht durch den listigen Lüders, das wäre zu simpel, sondern durch seine eigene Vertrauens- und Redseligkeit gegenüber dem Kompagnon. Lüders ist wie später auch Reinhold lediglich eine Art Katalysator für den schmerzhaften Lebens- und Erlebensprozeß, den Franz noch durchzumachen hat und dessen Sinn er erst am Ende erkennt, als ihm Lüders zum Ende des Romans im Fieberschlaf erscheint.

Noch ein weiteres Mal wird der Motivkomplex von Paradies und Verführung in bezeichnender Weise von Döblin erweitert. Thematisch wird zum Schluß die Vertreibung aus dem Paradies:

> Die Schlange war vom Baum geraschelt. Verflucht sollst du sein mit allem Vieh, auf dem Bauch sollst du kriechen, Staub fressen zeitlebens. Feindschaft soll gesetzt sein zwischen dir und deinem Weibe. Mit Schmerzen sollst du gebären, Eva, Adam, verflucht soll der Erdboden sein um deinetwillen, Dornen und Disteln sollen drauf wachsen, Kraut des Feldes sollst du essen (116).

Mit dieser Wendung der Urgeschichte, der Vertreibung der Sünder aus dem Garten Eden und der Verfluchung von Schlange und Mensch, ist nicht nur die Geschichte des Menschen auf ihre richtige Lesart gebracht, sondern auch die Vorstellung Biberkopfs widerlegt, er lebe im Paradies, also in einer Welt, die sich nach seinen Wünschen richtet: Seine Dummheit, Prahlsucht und Unvorsicht haben ihn zu Fall gebracht. Dieser „Sündenfall" verlangt nach weiteren Konsequenzen.

6.4.2
Hiob-Paraphrasen

Den zweiten bedeutenden Textkomplex, den Döblin aus dem Alten Testament entlehnt, verarbeitet und in seinen Roman eingeschnitten hat, stellen die Hiob-Paraphrasen dar. Hiob, das ist im Alten Testament der Prototyp eines gottesfürchtigen Menschen der

Vorzeit, der – nach einem Pakt Gottes mit dem Satan – in seiner Frömmigkeit aufs härteste geprüft wird, Besitz, Familie und letztlich auch seine körperliche Unversehrtheit verliert, aber trotz aller Verluste, aller Leiden seinen Glauben an Gott nicht preisgeben will.

Diese Geschichte vom frommen Dulder als eine Präfiguration dessen zu begreifen, was Biberkopf in Berlin an Leid widerfährt, was er hier an Schlägen zu verkraften hat, ist oberflächlich und vom sachlichen Befund des Textes nicht zu rechtfertigen. Auffälliger als die Gemeinsamkeiten sind zunächst auch die Unterschiede zwischen beiden Gestalten: Der biblische Hiob ist – wir vernachlässigen hier die Differenzen zwischen dem Volksbuch über Hiob und der Hiob-Dichtung – reich, angesehen und fromm, lebt in geordneten gesellschaftlichen Verhältnissen ohne moralischen Makel, ohne jegliches soziales Stigma. Ganz anders Biberkopf: er ist ein armer Schlucker, ein „Lumpenproletarier", ist zwar gutmütig, neigt aber, wenn er gereizt wird, zu Gewalttätigkeiten. Zudem ist er vorbelastet.

Offensichtlich sind beide Figuren durch ganz unterschiedliche soziale Lebensvoraussetzungen und Lebensstile geprägt. Allenfalls in dem Umstand, daß Hiob und Biberkopf in ihrem Denken und Verhalten immer wieder leidvollen Bewährungsproben ausgesetzt werden, daß sie belehrt werden, durch Leid zur Erkenntnis kommen sollen, mag man auf den ersten Blick einen Grund für die häufigen Hiob-Anspielungen und Hiob-Paraphrasen in Döblins Roman sehen.

Dennoch, der Zusammenhang ist enger, als es zunächst scheint. Ein erster Hinweis auf die innere Verwandtschaft beider Figuren gibt uns die Verzahnung des Hiobthemas mit der von Döblin bearbeiteten Paradies- und Sündenfallgeschichte. Entscheidend für deren Verlauf ist die Voraussetzung, daß die Ordnung und Harmonie im Garten Eden auf die Menschen, die in ihm wohnen, abgestimmt sind. Das Paradies ist von Anfang an so eingerichtet, daß Menschen angenehm in ihm leben können. Seine Ordnung ist anthropozentrisch.

Diese Vorstellung liegt in abstrakter Form letztlich auch den Haltungen zugrunde, die Biberkopf der Großstadt gegenüber einnimmt. Einerseits hat er, gutmütig wie er ist, die Illusion, daß diese Welt in Ordnung ist; andererseits ist er davon überzeugt, daß sie ganz auf ihn ausgerichtet, an seinem Wollen, Denken und Handeln orientiert ist. Und gerade diese Vorstellung wird von Beginn des Romans an gründlich dementiert. Döblin selbst hat dies in einer Nachbetrachtung zum Roman unmißverständlich zum Ausdruck gebracht:

> Da geht denn also in dem Buch *Berlin Alexanderplatz* Franz Biberkopf aus dem Gefängnis. Er ist von Natur aus gut, was man so nennt, und obendrein ist er ein gebranntes Kind und fürchtet das Feuer. Und wie er in die Welt geht, siehe da, er will anständig sein, er will die Gesetze dieser Welt, wie er sie sich denkt, ehrlich und treu ausführen, – und – es – geht nicht! Es geht nicht. Schlag um Schlag fällt auf ihn nieder und erledigt den Mann; ich könnte auch sagen, erledigt diese Gedankenposition. (M 44)

Genau das Gleiche demonstriert aber auch das Buch Hiob. Die anthropozentrische Illusion wird in den Gottesreden dieses Werkes widerlegt. Die Welt ist fehlerhaft und fehlbar. Dennoch hat sie eine Ordnung, eine Ordnung freilich, die vom Menschen nicht immer gesehen wird. Diese Ordnung ist nicht allein – das wird hier unmißverständlich klargemacht – auf die Lebenswelt Hiobs, auf seine Bedürfnisse und Ziele hin ausgerichtet. Zuweilen zeigt sie sich dem Leiden des einzelnen gegenüber völlig gleichgültig. Das muß Hiob, das wird letztlich auch Biberkopf erkennen müssen.

Genau auf diese Position verweist aber auch eine der Kernaussagen aus Döblins naturphilosophischer Schrift „Das Ich über der Natur", einer Arbeit, mit der er, wie er versichert hat, eine geistige Fundamentierung des BA gelegt habe. Sie lautet: „Diese Welt ist eine Welt zweier Götter. Es ist eine Welt des Aufbaus und des Zerfalls zugleich. In der Zeitlichkeit erfolgt diese Auseinandersetzung, und wir sind daran beteiligt." (M 44)

Im Klartext: Hiob und Biberkopf leiden nicht deshalb, weil sie damit ihre gerechte Strafe für begangene Sünden bzw. Untaten erhalten. Für Hiob trifft dies – das wird in der Auseinandersetzung mit den orthodoxen Positionen seiner Freunde innerhalb des Buches deutlich – ohnehin nicht zu; für das, was Döblin an der Gestalt Biberkopfs interessiert, bleibt es ohne Belang. Hiobs Fehler ist sein Stolz, seine Vermessenheit, von sich zu behaupten, er sei unschuldig. Er ist nicht in der Lage, von sich abzusehen, beharrt auf seinem Ich, ist nicht bereit, seine wahre Position in der Welt zu sehen. Genau dieser Zug wird auch in der ersten Hiob-Paraphrase des Romans herausgehoben, einer Hiob-Version, die die biblische Darstellung insofern noch radikalisiert, als sie den Leidenden, abgeschnitten von den Möglichkeiten argumentativer Gegenrede, über die er in der biblischen Vorlage ja immer noch verfügt, nur noch in seiner extremen Hilflosigkeit und Kreatürlichkeit zeigt: „‚Das ist es, Hiob', so sagt die bis zuletzt anonym bleibende Stimme, die das Gespräch mit ihm führt, ‚woran du am meisten leidest. Du möchstest nicht schwach sein, du möchtest widerstreben können, oder lieber ganz durchlöchert sein, dein Gehirn weg, die Gedanken weg, dann schon ganz Vieh.'" (126). Hiob, so macht die Stimme deutlich, kann nur in Extremen denken: Wird er nicht geheilt, so will er den Tod; erlangt er nicht die frühere Stärke zurück, so will er dumpf sein wie das Vieh.

Nicht in erster Linie ihre Leidensgeschichte macht also die Figuration Hiob und Biberkopf in Döblins Roman vergleichbar, sondern ihre Borniertheit, ihr Unvermögen, sich zu der eigenen Schwäche zu bekennen. Erkenntnislos und dumpf pocht Döblins „Held" auf seine Stärke: Eigensinnig und vertrauensselig glaubt er durch die Welt zu gehen und mit ihr allein fertig werden zu können; trotzig schlägt er alle Warnungen in den Wind. Das ist sein Verderben; von dieser Ichverkrampfung muß er genauso wie Hiob von seinen Geschwüren befreit werden. So präfiguriert das Ende dieser Szene, der heftige Widerstand Hiobs, seine Katharsis und der Beginn seiner Heilung, schon das Finale des Romans:

„Nein, nein", lallte, brüllte Hiob und warf sich.
Er schrie die ganze Nacht. Die Stimme rief ununterbrochen: „Gott und Satan, die Engel und die Menschen wollen dir helfen, du willst nicht."
Hiob ununterbrochen: „Nein, nein." Er suchte die Stimme zu ersticken, sie steigerte sich, steigerte sich immer mehr, sie war ihm immer um einen Grad voraus. Die ganze Nacht. Gegen Morgen fiel Hiob auf das Gesicht.
Stumm lag Hiob.
An diesem Tag heilten seine ersten Geschwüre. (127)

Hier in dieser Schlußpartie herrscht fast nur noch die reine Gebärdensprache vor; die Gesten selbst drücken das aus, was in diskursiver Sprache nicht gesagt werden kann: die Wandlung Hiobs. Erst in dem Augenblick, in dem er – nach heftigster Gegenwehr – alles das verliert, was er noch an elementaren humanen Möglichkeiten besitzt, erst also dann, als er buchstäblich erniedrigt wird, auf das Gesicht fällt und verstummt, heilen die ersten Geschwüre. Heilung bedeutet hier – und auch das verweist auf das Ende der Biberkopf-Fabel – das Hinnehmen des eigenen menschlichen Gebrochenseins, das – im Sinne der Döblinschen Metaphysik – nichts anderes ist als der Reflex einer Welt, die durch den Kampf polarer Kräfte, die des Aufbaus und der Zerstörung, der Vereinigung und der Trennung geprägt ist.

6.4.3
Mythen als Erkenntnishilfe: „Sehend werden"

In dem Zusammenhang der naturphilosophischen Überlegungen Döblins und ihrer poetischen Entfaltung in den epischen Verläufen des Romans gewinnt ein Motiv eine entscheidende Bedeutung, ein Bild, um das sich nicht nur die vielen Bibelanspielungen innerhalb des Werkes, sondern auch einzelne Eingriffe des Erzählers zu zentrieren scheinen. Dessen Hauptanliegen ist es ja, den Helden und den Leser sehend zu machen, beiden vor Augen zu führen, wie sie sich in der modernen Wirklichkeit, also in der Welt nach dem „Sündenfall", zu verhalten haben.

Auch hier empfiehlt es sich, an ein wirkungsmächtiges Moment der Sündenfallgeschichte selbst anzuknüpfen: „Sobald ihr von den Früchten des Baumes essen werdet", so hatte die Schlange Eva listig versprochen, „gehen euch die Augen auf". (Gen 2; 4) Und genau dieses tritt auch ein, nachdem Adam und Eva das Verbot Jahwes übertreten haben, allerdings in einer Weise, die dem Versprechen der Schlange einen völlig unerwarteten Sinn unterlegt: „Da gingen beiden die Augen auf, und sie erkannten, daß sie nackt waren." (Gen 2; 7) Statt der Erhöhung, der Gleichsetzung mit Gott, also die Erniedrigung, die Erkenntnis der eigenen Hinfälligkeit.

In dem hier bezeichneten biblischen Spannungsfeld bewegt sich auch das Leben Biberkopfs. Bis zum IX. Buch steht es im Bann- und Verführungskreis der Schlange. Nicht selten setzt der Erzähler ihn sogar mit ihr gleich, nennt ihn „Kobraschlange". Das ist ein griffiges Bild für die Selbstüberschätzung und Selbstanmaßung Biberkopfs. Immer wieder bläht er sich auf. Imponiergehabe und Prahlsucht prägen sein Verhalten gegenüber den Mitmenschen: Vor Lüders renommiert er mit der Witwe, die er kennengelernt hat, vor Reinhold prahlt er mit Mieze, läßt den Gegenspieler sogar zum

Zeugen eines Eifersuchtsdramas werden, an dessen Ende die pure Gewalt steht. Genau damit provoziert er aber die Gegenwelt, fordert er die Schläge heraus, die ihn so fürchterlich treffen. Er zieht daraus keine Konsequenzen, weil er nicht sehen kann, aber auch nicht sehen will. Das, was in dem Hiob-Gespräch dem Leidgeprüften gesagt wird, ist auch an die Adresse Biberkopfs gerichtet: „Hiob, du kannst deine Augen nicht aufmachen, sie sind verklebt, sie sind verklebt." (126)

Erst genau zu sehen, zu prüfen und zu analysieren, bevor man handelt, dieser Erkenntnis-Herausforderung weicht Biberkopf von Anfang an aus. Ratschläge und Appelle, sich realistisch über die Möglichkeiten der eigenen Person klar zu werden und ihre Position in einer gebrechlichen Welt zu bedenken, ignoriert er ständig. „Aber die Hauptsache am Menschen sind seine Augen und seine Füße. Man muß die Welt sehen können und zu ihr hingehen. (18) [...] Ich wollt Euch ja nur die Augen aufmachen." (19), das sagt ihm der Jude zu Beginn des Romans, der ihm die lehrreiche Geschichte von Stefan Zannowich erzählt. Doch Franz geht kein Licht auf. Überheblich ist seine Schlußrede nach einer zweiten Begegnung mit den Juden: „Ihr könnt erzählen, der Mann kann erzählen. Franz hat seine Erfahrungen. Franz kennt das Leben. Franz weiß, wer er ist [...] Gewesen ist gewesen. Jetzt haben wir unsere Weste wieder ausgefüllt. Mein Ball fliegt gut, Sie! Mir kann keener! Adjes, und wenn ich heirate, seid ihr dabei!" (36).

Und auch der Erzähler flicht das Motiv von der Blindheit, der Erkenntnislosigkeit seines „Helden" immer wieder in seine Kommentare ein: „Warum das Leben so verfährt, begreift er nicht. Er muß einen langen Weg gehen, bis er es sieht." (91), so steht es im Prolog zum dritten Buch. Und in der Vorrede zum sechsten Buch heißt es: „Jetzt seht ihr Franz Biberkopf nicht saufen und sich verstecken [...] Er hebt gegen die dunkle Macht die Faust, er fühlt etwas gegen sich stehen, aber er kann es nicht sehen, es muß noch geschehen, daß der Hammer gegen ihn saust." (191)

In dieser Hinsicht ist der Erzählprozeß des Romans nichts anderes als ein Enthüllungsprozeß für den Leser und ein Erkenntnisprozeß für den Helden. Im Tableau des Schlußkapitels verdichtet sich noch einmal diese Erkenntnis-Herausforderung, die nicht vom „Helden" angenommen wurde, zu der er erst „mit Gewalt" geführt werden mußte. Die Weg-, Licht- und Augensymbole, die den Roman leitmotivisch durchziehen, werden hier vom Autor eindrucksvoll zu einer Großmetapher verbunden:

> Wir sind eine dunkle Allee gegangen, keine Laterne brannte zuerst, man wußte nur, hier geht es lang, allmählich wird es heller und heller, zuletzt hängt da die Laterne, und dann liest man endlich unter ihr das Straßenschild. Es war ein Enthüllungsprozeß besonderer Art. Franz Biberkopf ging nicht die Straße wie wir. Er rannte drauflos, diese dunkle Straße, er stieß sich an Bäume, und je mehr er ins Laufen kam, um so mehr stieß er an Bäume. Es war schon dunkel, und wie er an Bäume stieß, preßte er entsetzt die Augen zu. Und je mehr er sich stieß, immer entsetzter klemmte er die Augen zu. Mit zerlöchertem Kopf, kaum noch bei Sinnen, kam er schließlich doch an. Wie er hinfiel, machte er die Augen auf. Da brannte die Laterne hell über ihm, und das Schild war zu lesen. (409)

Genauso wie der biblische Hiob am Ende zu Gott findet, sehend (gemacht) wird, kommt auch Biberkopf nach einem mühe- und leidvollen Weg an, öffnet er nach seinem letzten Fall die Augen. In dieser Hinsicht ist er ein moderner Hiob. Wie dieser verkennt er seine Position in der Welt, reibt er sich in endlosen Auseinandersetzungen mit ihr auf, blind für das, was ihm wirklich weiterhelfen könnte: nämlich von sich selbst abzusehen und diese Welt, so wie sie ist, erst einmal anzunehmen. Erst die Vernichtung des schlechten Individualismus kann „den Weg frei machen für eine Neubegründung des Ich. Ohne Erkenntnis bleibt die Stärke angemaßt und muß, wie im Falle Biberkopfs, zur Katastrophe führen. Erst der Mensch, der seine Schwäche erkannt hat, weiß auch um seine Stärke."[48]

6.5
Allegorisierende Deutung

6.5.1
Die Rolle des „Todes"

Und jetzt ist Franz Biberkopfs irdischer Weg zu Ende. Es ist nun Zeit, daß er zerbrochen wird. Er fällt der dunklen Macht in die Hände, die Tod heißt und die ihm als Aufenthaltsort passend erscheint. Aber er erfährt, was sie über ihn meint, auf eine Weise, die er nicht erwartet hat und die alles übersteigt, was ihn bisher betroffen hat.

> Sie redet Fraktur mit ihm. Sie klärt ihn über seine Irrtümer, seinen
> Hochmut und seine Unwissenheit auf. Und damit stürzt zusammen der
> alte Franz Biberkopf, es ist beendet sein Lebenslauf. (371)

So kommentiert und resümiert der Erzähler in der Vorrede zum letzten Buch den Werdegang seines „Helden". Er hat ihn über eine längere Wegesstrecke durch die Stadt begleitet, hat wohlwollend Anteil an seinem Schicksal genommen, hat aber auch sein Denken und Verhalten ironisiert und kritisiert, hat ihn zu einem exemplarischen Fall für den Leser gemacht. Und nun zum Schluß stellt er noch einmal das Versagen des Protagonisten heraus, seine Irrtümer, seinen Hochmut und seine Unwissenheit. Damit knüpft er an die Voraussagen und Vorausdeutungen des Romanprologes an. Hatte er doch auch hier den Lebensplan seines „Helden" als „hochmütig und ahnungslos, frech, dabei feige und voller Schwäche" (7) charakterisiert.

Dennoch, trotz aller Zuwendung und Anteilnahme, der Erzähler bleibt seinem Protagonisten gegenüber distanziert. Er führt weiterhin Regie, läßt seinen „Helden" auf der Bühne Berlins „zum Erleben seines schweren, wahren und aufhellenden Daseins" (37) auftreten, doch an dessen Wandlung ist er nicht beteiligt. Sie ergibt sich aus dem inneren Geschehen des Romans. Der Wendepunkt, zugleich der Endpunkt der Geschichte des „alten" Biberkopf, „ist nicht durch die tragische Katastrophe, sondern durch die Jedermann-Fabel vorgezeichnet, durch die im Gewissen stattfindende Begegnung mit dem Tod. Nur in diesem Sinne wird Biberkopf ‚exemplarisch'.[49] Das, was der „Held" in seiner persönlichen Geschichte nicht mehr leisten kann, sich in der Auseinandersetzung mit der Welt zu klären und zu erklären, dort also, wo die individuelle Bildungsgeschichte letztlich ihr eigenes Scheitern konstatieren muß, bedarf es der allegorischen Figuration des Todes, um aus Biberkopf einen anderen zu machen, „dem der alte nicht das Wasser reicht und von dem zu erwarten ist, daß er seine Sache besser macht." (371)

Die Begegnung des gescheiterten Biberkopf mit der allegorischen Gestalt des Todes trifft den Leser indes nicht unvorbereitet. Von Anfang an ist die das neunte Buch prägende Allegorik des Todes als Kontrapunkt zur Geschichte des Protagonisten im Roman angelegt. Zunächst ist sie allerdings für den Leser kaum identifizierbar, da sie sich nur als anonyme Stimme äußert, die plötzlich den Erzählverlauf unterbricht, den „Helden" unmittelbar anspricht. Man vernimmt sie etwa in den Klammersätzen des ersten Buches: „(Franz, du möchtest dich doch nicht verstecken, du hast dich schon die vier Jahre versteckt, habe Mut, blick um dich, einmal hat das Verstecken doch ein Ende)" (12).

Dieser Appell ergeht an den durch die schockartige Begegnung mit der Stadt völlig verstörten Biberkopf, der sich nach der „Geborgenheit" und der Ordnung des Gefängnisses zurücksehnt. Und auch weiterhin wirkt diese Stimme als Korrektiv, ist sie Stimme des Gewissens. Immer wieder fragt, warnt und ermahnt sie, gibt sie Erklärungen, Hinweise und Ratschläge: „(Bereuen sollst du; erkennen, was geschehen ist; erkennen, was nottut!)".

Daß der „Held" nicht unbedingt willens ist, sich mit seiner belasteten Vergangenheit zu beschäftigen, Hypotheken abzutragen, seine persönliche Verantwortung in ihr zu erkennen und seine Schuld zu bereuen, um überhaupt frei zu werden für die Auseinandersetzung mit seiner gegenwärtigen Umwelt, zeigt nachdrücklich, wir wiesen schon darauf hin, die Begegnung mit den Juden zu Beginn des Romans. Auch hier meldet sich die Stimme zu Wort, kritisiert Biberkopfs übertriebene Larmoyanz und macht damit zugleich deutlich, wie borniert-selbstgerecht sein Verhältnis zur Wirklichkeit ist und woran er letztlich scheitert: „(Winseln ist kostenlos. Winseln kann ne kranke Maus auch)" oder „(Stöhnen kann n krankes Kamel auch.)" (15).

Es ist naheliegend, daß der Leser diese Stimme zunächst ganz an die Erzählinstanz rückkoppelt. Dafür spricht, daß sie nicht in den erzählenden Bericht integriert, außerhalb des Romangeschehens zu lokalisieren ist und von Franz auch gar nicht wahrgenommen wird. Zudem scheint sie ähnlich belehrende Absichten zu haben wie der Erzähler selbst. Erst das neunte Buch enthüllt schließlich die Identität des Sprechers. Wiederum meldet sich die Stimme zu Wort, und diesmal ist sie explizit als die des Todes ausgewiesen:

Langsam singt der Tod.
„Es ist Zeit für mich, zu entscheinen bei dir (387) [...] Franz, gesteh es, du hast in keinem Augenblick an den Tod gedacht, ich schickte dir alles, aber du erkanntest mich nicht, und wenn du mich errietst, du bist immer wilder und entsetzter – von mir davongerannt." (388).

Von solcher Offenbarung fällt Licht auf das Ganze, auf alles das, was Franz widerfahren ist und was er selbst schuldhaft zu verantworten hat. Von hier aus erhält aber auch der imaginäre Dialog, den der von Lüders betrogene, völlig der Lethargie verfallene Biberkopf mit der ihm noch unbekannten Stimme führt („Franz Biberkopf, sieh dich vor, was soll bei dem Sumpfen herauskommen".) (110), neues Gewicht. Es geht dem Autor um mehr als um einen Kriminellen, der, weil er nicht in der Lage ist, sich in das bürgerliche Leben einzuordnen, plötzlich Gewissensbisse hat. Es geht, vorgezeichnet durch den Grundriß und die Enthüllungsdramaturgie der Jedermann-Fabel, um Grundsätzliches, um Leben und Tod, um das Erkennen und Verkennen von Daseinsformen, um das Sichbewahren und Sichbewähren. Und diese Dramaturgie gewinnt im Verlaufe des Romans immer schärfere Konturen. Gegen die Geschichte des partiell besinnungslos nach vorne marschierenden, partiell sich aber auch in Selbstmitleid verzehrenden Biberkopfs setzt sie retardierende Momente der Besinnung und Reflexion. Doch diese Dramaturgie bleibt dem „Helden" verborgen. Zunächst nimmt er wie gesagt die Stimme überhaupt nicht wahr, später vermag er in ihr nur einen lästigen Kritiker und Besserwisser zu sehen.

> „Wer spricht?" hält er ihr fragend entgegen, das ist ziemlich genau die Frage, die auch der sich abkapselnde Hiob seinem anonymen Gegenüber stellte. Hier wie dort verweigert die Stimme die Antwort. Diese verweist allein auf den schmerzhaften Lernprozeß, den Franz noch durchzumachen hat: „Ich sag es nicht. Du wirst es sehen. Du wirst es fühlen. Wappne dein Herz. Zu dir spreche ich dann. Du wirst mich dann sehen. Deine Augen werden nichts hergeben als Tränen." (143).

Doch sie bringt Franz keineswegs davon ab, sich auf seinem Weg aufhalten und niederwerfen zu lassen. Im Gegenteil, strotzend vor Selbstbewußtsein und Dummheit ist seine Reaktion: „Weil du mich nicht kennst. Weil du nicht weißt, wer ich bin. Wer Franz Biberkopf ist. Der fürchtet sich vor nichts. Ich hab Fäuste. Sieh mal, was ich für Muskeln habe." (143)

Vor dem großen Finale, vor der Erscheinung des „Todes" im Irrenhaus, ergreift der Franz immer noch unbekannte Sprecher erneut das Wort. Nun setzt er das unglückliche Schicksal Hiobs ausdrücklich mit den Leiderfahrungen Biberkopfs in Beziehung:

Wieviel hat Hiob, der Mann aus dem Lande Uz gelitten, bis er alles erfuhr, bis nichts mehr auf ihn fallen konnte. [...]
Du hast nicht soviel verloren wie Hiob aus Uz, Franz Biberkopf, es fährt auch langsam auf dich herab. Und schrittchenweise ziehst du dich heran an das, was dir geschehen ist, tausend gute Worte gibst du dir, du schmeichelst dir, denn du willst es wagen, du bist entschlossen, dich zu nähern, zum Äußersten entschlossen, aber oh weh auch zum Alleräußersten? (341/342)

Doch damit nicht genug: Der „Tod" zeichnet in bedeutungsschwerer Prophetie, die Hiob-Figuration und die apokalyptische Motivik damit aufeinander beziehend, das Bild der monströsen Macht, die Biberkopf verführt hat, gegen die er gerannt ist und die ihn nun endgültig zu vernichten droht: das Bild der „Hure Babylon". Gegen sie, den Inbegriff von Abgründigkeit und Gewalt, letztlich von einem falschen Leben, gegen sie, die schon höhnisch frohlockt, hat der Leidgeprüfte zum „Alleräußersten" anzutreten, einen Kampf um Leben und Tod zu bestehen: „Du ahnst sie jetzt, du fühlst sie. Und ob du stark sein wirst, ob du nicht verloren gehst." (342)

6.5.2
Der Totentanz

Obwohl Biberkopf durch die Stadt geht, hier Menschen begegnet und sie kennenlernt, erfährt er sich nicht in dem anderen, kann er sich nicht in ihm finden, weil sein Ich isoliert, begrenzt, verschlossen bleibt, weil er zu denen gehört, „die ihr Herz nirgends öffnen, sondern es für sich behalten, es sauber mumifizieren und konservieren" (111). Erst das allegorische Zwischenspiel im 9. Buch, ein Psychodrama par excellence, öffnet ihm die Augen und das Herz für seine Mit-Welt.

Will man die einzelnen Stationen und den Vollzug dieses Mysterienspiels begreifen, empfiehlt es sich, zentrale Aspekte und Einsichten aus den naturphilosophischen Schriften des Autors zu vergegenwärtigen, wie sie in Ansätzen schon vor der Publikation des BA vorlagen (z. B. in der Arbeit „Das Ich über der Natur" aus dem Jahre 1927) und später von ihm, im Jahre 1933, in der Schrift „Unser Dasein" differenziert und erweitert wurden.

Das, was der romantheoretische Essay „Der Bau des epischen Werks" für die Ästhetik des BA bedeutet, stellt „Unser Dasein" post festum für den vornehmlich das Romanende bestimmenden naturphilosophischen Deutungsentwurf dar. Hier geht es in der Tat um letzte Fragen des Daseins, um das Verhältnis von Ich und Natur, Mensch und Welt. Mit und in ihm unternimmt Döblin den kühnen Versuch, Ich und Natur, d. h. das, was in einem elementaren Sinne zusammengehört und doch gegensätzlich ist, was also begrifflich-diskursiv nicht zusammengedacht werden kann, im Medium der Kunst als widerspruchsvolle Einheit zu imaginieren. Das Ich hat, so behauptet er, in seinen elementaren Lebensvollzügen Anteil an der Natur bzw. am allgemeinen Weltzusammenhang, doch ist es aufgrund seines Selbstbewußtseins auch ihr Antipode, es ist „Ich in der Natur" und „Ich über der Natur", es ist „Stück und Gegenstück der Natur"[50]. Das ist nach seiner Meinung letztlich die paradoxe Strukturformel für menschliche Existenz. Sie ist geprägt durch „Individuation" und „Kommunion", durch Vereinzelung und Integration, durch Tun und Leiden.

In diesem Spannungsfeld ereignet sich auch das Leben des „Helden" im BA: „Biberkopf bewegt sich in diesen Gegensätzen, sie machen seinen Lebensrhythmus aus, und eine Entwicklung kann sich nur in der Anerkennung dieses Rhythmus vollziehen."[51]

Besonders anschaulich werden diese Gegensätze am Wendepunkt des Romans, im Sterben und in der Wandlung Biberkopfs. Die Voraussetzungen für das allegorische Intermezzo sind mit dem Beginn des neunten Buches gegeben: Biberkopf hat durch gewaltsamen Widerstand gegen die Polizei seine Verhaftung geradezu provoziert: Er wird in das feste Haus der Irrenanstalt Buch eingeliefert. Völlig in sich verkrampft, starr und steif, verweigert er jegliches Gespräch und jede Nahrungsaufnahme. Er fällt in eine Art Dämmerschlaf und will sterben. „Eine tiefe Stufe hat schon Franzens Seele erreicht, sein Bewußtsein ist nur manchmal da" (386).

Das ist genau der Punkt, an dem das Prinzip der Individuation buchstäblich aufgelöst wird und Biberkopf sich – unbewußt – der Welt gegenüber öffnen kann. Das, was in seiner Seele präintellektuell, d. h. elementar, naturhaft, organisch ist, macht sich frei, bewegt sich auf die Welt zu, senkt sich in ihre vielfältigen Phänomene ein:

> Jetzt schleicht etwas aus ihm fort und tastet und sucht und macht sich frei, was er sonst nur selten und dämmernd in sich gefühlt hat. Das schwimmt über die Mauselöcher weg, sucht um die Gräser, tastet in

den Boden, wo die Pflanzen ihre Wurzeln und Keime verborgen halten. Da spricht etwas mit ihnen, sie können es verstehen, es ist ein Wehen hin und her, ein Klopfen, es ist, als wenn Keime über den Boden fallen, Franzens Seele gibt ihre Pflanzenkeime zurück. Es ist aber eine schlechte Zeit, kalt und gefroren, wer weiß, wieviel angehen werden, aber Platz ist auf den Feldern, viele Keime hat Franz in sich, jeden Tag weht er aus dem Haus und schüttet neue Keime aus. (387)

Im Todeskampf Biberkopfs emanzipiert sich etwas, naturhafte Teile, „Pflanzenkeime" der Seele, die von ihm bislang, einem krampfhaften Identitätszwang gehorchend, unterdrückt und verdrängt wurden: „Sterbend geht Biberkopf [...] in die Welt ein, seine Selbstauflösung führt ihn in einer Weise in der Welt herum, die seinem Gang durch die Stadt stets vorenthalten worden war. So vertraut, so aufmerksam, so wach ging Biberkopf niemals durch Berlin, wie es nun seine biologisch-organischen Komponenten tun: Sie kommunizieren mit der Welt."[52]

Mit der Dissoziation des Ich in seine vielfältigen Partikel ist der starre Wille Biberkopfs gebrochen. Damit hat er zu seiner naturhaften Basis gefunden, die ihn nicht nur zu einer umfassenden kommunikativen Teilhabe an der Welt befähigt, sondern die ihn auch frei macht für den im folgenden einsetzenden schmerzhaften Lehr- und Erkenntnisprozeß. Gleichzeitig bildet diese neue seelische Disposition Biberkopfs den unmittelbaren Anlaß für den „Tod", nun sein „langsames, langsames Lied" (387) zu beginnen, um ihm endgültig die Augen zu öffnen. Das, was er singt, geht buchstäblich unter die Haut, in Mark und Bein: „Er singt, wie eine Säge zieht. Ganz langsam fährt sie an, dann fährt sie tief ins Fleisch, kreischt lauter, heller und höher, dann ist sie mit einem Ton zu Ende und ruht. Dann zieht sie langsam, langsam wieder zurück, und knirscht, und höher, fester wird ihr Ton und kreischt, und ins Fleisch fährt sie hinein." (387).

Indem der „Tod" den alten Biberkopf demontiert, ihn fast mechanisch mit seinem Beil bearbeitet („Schwing fall hack") (389), demonstriert er ihm seine verfehlte Lebensgeschichte, seine Ichbewahrung und Ichverkrampfung, seinen Welt- und Selbstverlust. Doch diese Belehrung bleibt genauso wenig abstrakt wie er selbst. Inszeniert wird gleichsam ein Mysterienspiel, ein Totentanz in naturalistischer Manier. Immer zupackender, immer eindringlicher werden die Worte des „Todes". Bezeichnenderweise verläßt er später die hochsprachliche Ebene und spricht Berliner Mundart. Er scheut sich nicht, Biberkopf zu verhöhnen und zu beschimpfen. Immer wieder hält er ihm sein Versagen und seine Schuld, seine Egozentrik und seine Hybris vor, zeigt ihm, daß er mit seiner ängstlichen Selbstbewahrung und seiner Flucht vor dem wahren, dem wirklichen Tod (vgl. 387 ff.) das wahre, das wirkliche Leben verfehlt, nicht erlebt habe. Und eben diese Dialektik von Leben und Tod, die Biberkopf nie wahrgenommen hat, reklamiert der „Tod" für sich selbst. Er ist, wie er sagt, weder allein Sämann noch allein Mähmann, sondern ambivalent in seinem Wesen, er ist die Kraft zum Leben und die Kraft zum Sterben. Er ist gekommen, um zu bewahren *und* zu verwerfen: „Bewahrt werden soll der Kern, das geläuterte Ich des Menschen, abgemäht und verworfen aber wird sein Hochmut, die tropische Auswucherung des falsch verstandenen Ich."[53]

Jetzt, in dieser Grenzsituation, in der Biberkopf diese furchtbare „Gewaltkur" über sich ergehen lassen muß und heftige Schmerzen empfindet, wird nochmals der Zusammenhang seiner Geschichte mit der Hiob-Paraphrase im Roman greifbar: Biberkopf versteht sich hier zunächst auch allein aus der Rolle des Leidenden, der nur noch von der Last des Lebens befreit werden will. Doch das alles hält den „Tod" nicht davon ab, ihm das in Erinnerung zu rufen, was er in seinem Leben verfehlt und verpaßt hat. Sein vernichtendes Resümee lautet:

> Hast ja kein Kopp, hast keine Ohren. Bist ja nich geboren, Mensch, bist ja garnich uff die Welt jekomm. Du Mißgeburt mit Wahnideen. Mit freche Ideen, Papst Biberkopf, der mußte geboren werden, damit wirs merken, wie alles ist. Die Welt braucht andere Kerle als dir, hellere und welche, die weniger frech sind, die sehen, wie alles ist, nicht aus Zucker, aber aus Zucker und Dreck und alles durcheinander. (392)

Für den „Tod" ist Biberkopf eigentlich nie auf die Welt gekommen, weil er nie auf sie zugegangen ist. Er hat die Welt – wir sahen es anhand der Paraphrase der Paradiesgeschichte – nach seinen Vorstellungen, Wahnideen gemodelt, hat sie nie wirklich erfahren. Damit erhält das von den Juden an Biberkopf gerichtete Wort, man müsse die Welt „sehen können und zu ihr hingehen" (18), sehr spät, zu spät für den alten Franz Biberkopf Rechtfertigung und Sinn.

Damit er diese Welt noch einmal erfahren kann, läßt der „Tod" die entscheidenden Personen, die Biberkopfs Gang durch Berlin geprägt haben, in einer Art Totentanz vor den inneren Augen des „Helden" noch einmal Revue passieren. Und das ist die letzte Lektion, die Biberkopf erhält. Sie steht unter dem Motto: „Herankommen lassen" (393). Herankommen lassen soll Biberkopf die Welt in ihrer gesamten Seinsfülle, in ihren mannigfaltigen naturhaften und urbanen Erscheinungen, in ihren großen elementaren Vollzügen und kleinen menschlichen Begebenheiten. Analog zu den spekulativen Äußerungen Döblins in seinen naturphilosophischen Schriften, die darauf zielen, Ich und Welt, das Innen und das Außen in einer Art Doppelbewegung einander zu nähern und miteinander zu vermitteln, wird nun vom „Helden" gefordert, sich an das Sein, das er verfehlt hat, anzukoppeln. Wiederum schafft das Unbewußte in ihm die Disposition für ein neues Tätigsein, für die produktive Aufnahme der Welt:

> Und wie Franz die Augen zugemacht hat, fängt er an, etwas zu tun. Ihr seht nicht, was er tut, ihr denkt bloß, der liegt und vielleicht ist der bald hin, der rührt ja kein Finger. Der ruft und zieht und wandert. Der ruft alles zusammen, was zu ihm gehört. Er geht durch die Fenster auf die Felder, er rüttelt an den Gräsern, er kriecht in die Mauselöcher: Raus, raus, was is denn hier, is was von mir hier? Und schüttelt an dem Gras: Raus aus dem Kartoffelsalat, wat soll der Quatsch, hat alles keen Sinn, ich brauch euch, ich kann keenen beurlauben, bei mir is zu tun, mal lustig, ich brauch alle Mann. (392/393)

Das ist aber genau die inverse Bewegung zu dem Prozeß der Selbstauflösung zu Beginn des Finales, als Biberkopf seine Identität aufgab, das „feste Haus" seines Ichs verließ, vielfältig in die Welt einging und sich in ihr zerstreute. In dem Maße, wie er nun alles in der Welt zusammenruft und in sich bündelt, gewinnt er neue Lebenskräfte, kommt er zu sich selber, entdeckt er sich in der Sammlung des anderen wieder. Damit ist nicht nur die Isolation des Ich, sondern auch die statische Antinomie von Subjekt und Welt prozessual überwunden.

Die Selbstauflösung und die neue elementare Zusammensetzung des Ich sind im Döblinschen Sinne als Einheit zu verstehen, als zwei Aspekte eines Vorgangs, der auf die umfassende Naturalisierung des Menschen zielt, doch dabei das Wissen um seine Individuation und Ichexistenz nicht preisgibt:

> Es muß der Weg in die völlige Vernichtung, die Auslöschung, die Zerstörung gegangen sein. Das Versagen, die vollkommene Ohnmacht muß da sein, die Zunge mit Schweigen geschlagen, alle Worte dumm und lächerlich. Dies mußt du fühlen: du mußt nicht die Ströme oder Berge ansehen, sondern das trockene Blatt, das vom Baume herunterflattert, und das kannst du zwischen die Finger nehmen und zerreiben, siehst du: das bist du. Jetzt erst ist das erfolgt, was erfolgen muß, ehe man eine einzige Bewegung machen darf, ehe man ein einziges Wort aussprechen darf: die Einreihung. Vorher hingst du wie Rauch über der Erde, warst nicht da und glaubtest etwas zu sein. Es war Besinnungslosigkeit. In den Gespinsten von falschen unwahren Worten warst du gefangen, jetzt bist du heraus, es ist etwas Schweres geschehen, das erste, das dir überhaupt geschah – du weißt, und du bist. Du bist angekoppelt an das Sein – und du bist. Du hältst noch das trockene Blatt in der Hand, zerreibst es, zerstäubst es, das bin ich, aber schon zittert es in dir: ich bin doch; es geht warm durch dich: ich bin nicht mehr als dies, aber ich bin; du merkst, anders bist du, als du bisher wußtest, und langsam, langsam fühlst du dich ein.[54]

Und genau diese Disposition, die Döblin immer wieder in seinen naturphilosophischen Arbeiten umschrieben hat, selten im systematisch-begrifflichen Diskurs, häufiger im Sprachspiel der Poesie, nimmt Biberkopf auch im Romanfinale ein. Er hat seine Ichverkrampfung verloren, ist gelöst und weltoffen geworden.

Damit kann der letzte, der entscheidende Akt des Totentanzes für die Hauptfigur beginnen: „Das Theater, es geht los." (394) Die Figuren, die sein Leben prägten und veränderten, die ihm halfen und ihm Gewalt antaten, tauchen noch einmal auf seiner imaginären Seelenbühne auf: Lüders, Reinhold, Ida und Mieze. In diesem letzten Spiel ist er Zuschauer und Akteur zugleich. In der Begegnung mit diesen Personen erkennt er, wie er sich hätte verhalten müssen. Beispielsweise macht ihm das Zusammentreffen mit Reinhold, der hier nun buchstäblich teuflische Gestalt angenommen hat, klar, daß er sich auf ein sinnloses Kräftemessen mit ihm eingelassen hat:

> Ich hätt nicht kämpfen sollen. Er triezt mir, er reizt mir noch immer, oh, das ist ein Verfluchter, ich hätt es nicht gesollt. Gegen den komm ich nicht auf, ich hätt es nicht gesollt [...]
> Ich hätte keine Kraft haben müssen, gegen den nicht. Ick seh es, es war ja falsch. Was hab ich alles gemacht. Weg, weg mit dem. (396)

Im Todeskampf gibt Franz nun auch den letzten Rest an Widerstand auf. Er erkennt seine Schuld, bereut und ergibt sich. Das Seelendrama führt bei ihm zu einer Art Katharsis: „Franz weint und weint, ich bin schuldig, ich bin kein Mensch, ich bin ein Vieh, ein Untier." (399).

Damit ist das vom „Tod" inszenierte Stück zu Ende: Der Protagonist kann abtreten:

> Gestorben ist in dieser Abendstunde Franz Biberkopf, ehemals Transportarbeiter, Einbrecher, Ludewig, Totschläger [...]
> Das also ist der Untergang des Franz Biberkopf gewesen, den ich beschreiben wollte vom Auszug Franzens aus der Strafanstalt Tegel bis zu seinem Ende in der Irrenanstalt Buch im Winter 1928–29. (399)

Doch damit ist der Roman noch nicht beendet; der Erzähler läßt seinen „Helden" mit leicht verändertem Namen weiterleben, transzendiert – und das ist wahrhaft nur der Poesie möglich – in der Fiktion die Fiktion, überspielt mit leichter Geste das absolute Ende des Protagonisten, das der „Tod" im Mysterienspiel exekutierte: „Jetzt hänge ich noch einen Bericht an von den ersten Stunden und Tagen eines neuen Menschen, der dieselben Papiere hat wie er." (399)

6.6
Der Romanschluß

6.6.1
Der „neue" Biberkopf

Die Darstellung der Ereignisse in der Irrenanstalt Buch zeigt dem Leser einen „passiv-receptiven" Protagonisten. Biberkopf hat die Tortur des Sterbens über sich ergehen lassen müssen. Im Klartext: Die Rolle, die er in der Geschichte stereotyp gespielt hat, ist von ihm abgetrennt und destruiert worden. In der Begegnung mit dem Tod ist er wissend geworden. In einer Gewaltkur ohnegleichen ist ihm demonstriert worden, „daß der Versuch, die eigene Individualität unter allen Umständen zu bewahren, gerade deren Vernichtung bedeutet, während die Preisgabe des Ich dieses nicht zerstört, sondern erst neu schafft."[55] Am Ende ist nicht nur ein neuer Mensch geboren, sondern kann auch die Gestalt Biberkopfs – freilich unter anderen Vorzeichen – neu beginnen: „Zum zweitenmal verläßt jetzt Biberkopf ein Haus, in dem er gefangengehalten war, wir sind am Ende unseres weiten Wegs und machen mit Franz zusammen noch einen einzigen kleinen Schritt." (403)

Offen bleibt die Frage, wie der „neue" Biberkopf sich nach seiner Entlassung aus Buch in der Realität der Stadt bewährt, wie er sich aktiv mit ihren sozialen und wohl auch politischen Erfordernissen auseinandersetzt. Es steht fest: Die Erkenntnis, die der Held gewonnen hat, bedarf der praktischen Erprobung in einer Welt, die nach wie vor durch die aus der „alten" Biberkopf-Geschichte resultierenden Folgelasten bestimmt ist, die – mit den Worten des Todes – „nicht aus Zucker, aber aus Zucker und Dreck und alles durcheinander" (392) ist. Döblin hat diese Problematik klar erkannt und versucht, am Ende seines Romans sich zumindest dieser Frage zu stellen. Eine verbindliche Antwort darauf – das sei schon vornweg angemerkt –, wie die Kluft zwischen den passiven und aktiven Anteilen im Menschen, mithin die Antinomie zwischen dem „Ich in der Natur" und dem „Ich über der Natur" überwunden werden kann, kann er auch hier nicht geben.

Das vorletzte Kapitel des Romans schildert die erneute Ankunft des Protagonisten in der Stadt. Von Beginn an wird deutlich, daß der Autor die Elementarsituation des Romananfangs erneut durchspielen will. Zentrale Aspekte, Wahrnehmungsmuster und Motive des ersten Kapitels kehren wieder:

Das erste Haus, das er verließ, war die Strafanstalt in Tegel. Verängstigt stand er an der roten Mauer, und als er sich losmachte und die 41 kam und mit ihm nach Berlin fuhr, da standen die Häuser nicht still, die Dächer wollten über Franz fallen, er mußte lange gehen und sitzen, bis alles um ihn ruhig war und er stark genug war, um hier zu bleiben und wieder anzufangen. (403)

Doch diesmal sind die Voraussetzungen auf seiten des „Helden" andere, und auch seine Reaktionen auf die Gegebenheiten in seiner Umwelt haben sich verändert; sie sind ruhig und abgeklärt:

Jetzt ist er kraftlos. Das feste Haus kann er nicht mehr sehen. Aber siehe, wie er am Stettiner Bahnhof aussteigt, am Vorortbahnhof, und vor ihm das große Baltikumhotel liegt, bewegt – sich – nichts. Die Häuser halten still, die Dächer liegen fest, er kann sich ruhig unter ihnen bewegen, er braucht in keine dunklen Höfe zu kriechen. (403/404)

Die Stadt hat sich nicht verändert; die Läden und Häuser, das hektische Treiben der Menschen auf den Straßen sind geblieben. Doch ohne Furcht geht er durch die Stadt, ohne Panik, ohne Aggressionen nimmt er nun seine Umwelt wahr. Ein wenig neugierig folgt er dem Treiben der Leute mit seinen Blicken. „Eva", so heißt es später, „sieht seinen Blick, einen stillen, dunklen, suchenden Blick, den hat sie noch nie an Franzen gesehen." (404). Und auch seine Gangart ist eine andere: Nun läßt er die Welt an sich herankommen und geht auch ohne Vorurteile auf sie zu. Das, was ihm zu Beginn offensichtlich nicht möglich war, in der Stadt anzukommen, das gelingt ihm hier schon nach kurzer Zeit: Jetzt „bin ich wieder da. Biberkopf war lange weg. Jetzt ist Biberkopf wieder da. Euer Biberkopf ist wieder da." (404)

Dennoch, auch wenn Biberkopf aufmerksam zu sehen und bedächtig zu gehen gelernt hat, die Stadt ihm schon zuweilen in einem verklärenden, beglückenden Licht erscheint („Er geht durch die Stadt. Da sind viele Dinge, die einen gesund machen können, wenn nur das Herz gesund ist.") (405), einen festen sozialen Ort oder gar eine Heimat hat er in ihr immer noch nicht gefunden: „Wo soll ich hingehn, wo werd ich hingehn?" (404). So fragt er sich. Er ist vorerst weiter auf der Suche, muß sich erneut den Anforderungen der sozialen Praxis stellen, sich mit ihren Problemen auseinandersetzen. Die Einbindung in die Natur, die im Sterbeprozeß von ihm eingefordert wurde, muß nun über seinen Tod hinaus in die Gesellschaft verlängert und dort auch aufgehoben werden. Nur in dem Maße, wie er in der Lage ist, soziale Realität neu zu begreifen, kann er auch zu neuer Individuation kommen. Ob ihm dies gelingt, darüber gibt der Roman keinerlei Aufschlüsse.

Die letzten Szenen zeigen den Protagonisten in einer rezeptiven, fast andächtigen Haltung. Der Elan des Kämpfers, die Attitüde des Eroberers und die alten Feindbilder sind verschwunden. Das, was unabänderlich ist, nimmt er gelassen hin. In dem Prozeß gegen Reinhold nimmt man einen zurückhaltenden Franz Biberkopf wahr, der keine Rachegelüste mehr gegen den einstigen Antipoden, gegen den Mörder seiner Geliebten hegt, ihn aber ständig scharf beobachtet und sachlich und nüchtern seine Aussagen zum Mordfall vor Gericht zu Protokoll gibt. Danach bekommt er eine Stelle als Hilfsportier in einer mittleren Fabrik angeboten, die er auch annimmt.

Damit kann der Erzähler das Ende der Geschichte annoncieren, doch nutzt er nochmals, ein letztes Mal, die Gelegenheit, auf den Weg Biberkopfs zurückzublicken, die Dramaturgie dessen, was er berichtet hat, als einen „Enthüllungsprozeß" sinnfällig zu machen, das Denken und Verhalten seines „Helden" zu kommentieren und zu werten. Und auch die Schlußszene will er nicht eher verlassen, ohne noch einmal einen Blick auf die neue soziale Situation Biberkopfs geworfen zu haben. Für einige Augenblicke schlüpft er in dessen Rolle, um zu vergegenwärtigen, was dieser denkt und wie er von seinem neuen Standort aus Wirklichkeit wahrnimmt und verarbeitet.

6.6.2
Offenes Ende

Das Schlußkapitel des Romans ist nicht eindeutig und hat unter den Rezensenten und Interpreten des Romans auch zu manchen Mißverständnissen und teilweise erheblichen Kontroversen geführt. Man warf Döblin entweder vor, die Schlußszene der Handlung nur angehängt und damit eine unstimmige Scheinlösung des Verhältnisses von Individuum und Kollektiv gefunden zu haben, oder man kritisierte, daß der Romanschluß „theatralisch übertrieben"[56] gestaltet sei.

Wer allein den Opfergedanken – wie etwa W. Muschg – zum geistigen Zentrum des Romans macht, muß das Romanende verfehlen. Der BA ist nicht – selbst wenn Aussagen, die der Konvertit Döblin nach dem Zweiten Weltkrieg über die Opferthematik seines Buches gemacht hat, in diese Richtung zu weisen scheinen – seine „erste christliche Dichtung"[57]. Biberkopfs Wandlung letztlich als Ergebung in Gottes Willen zu verstehen, ein Entwicklungsprozeß, der nach der Auffassung Muschgs schon in der Hiob-Paraphrase und dem Opferthema des Abraham-Isaak-Komplexes präfiguriert ist, kann schon deshalb nicht angehen, weil im BA eine transzendentale religiöse Instanz fehlt.

Und auch diejenigen, die eine primär politische Lesart des Werkes bevorzugen, an seinem Ende vielleicht eine poetische Lösung im Sinne eines klaren gesellschaftspolitischen Programms vermissen, werden weder den Intentionen des Autors noch der komplexen Gestaltung des Schlußkapitels gerecht. Sicherlich, Biberkopf gehört zu denen, für die der gesellschaftspolitische Umbruch nach 1918 nicht das gebracht hat, was er und seinesgleichen sich vielleicht von ihm versprochen hatten. Im Gegenteil, die unsicheren materiellen Lebensbedingungen in der Weimarer Republik haben ihn an den Rand der Gesellschaft gedrückt. Vier Jahre war er im Krieg, vier Jahre im Gefängnis. Damit hat er den Anschluß an die Gesellschaft verloren. Er ist kein Arbeiter mit einem Klassenbewußtsein, er gehört zum „Lumpenproletariat", ist politisch desinteressiert, will allein Ruhe in der Welt haben, damit er arbeiten und leben kann. Nicht zuletzt diese politische Orientierungslosigkeit seines „Helden" hat man Döblin von kommunistischer Seite aus immer wieder vorgeworfen. Der Autor habe Biberkopf bewußt, so schrieben etwa die marxistischen Kritiker in der „Linkskurve", von den Klassenkampfaufgaben des Proletariats isoliert, habe aus ihm einen Verbrecher und Zuhälter gemacht und ihn zu einem mystischen Schicksalsglauben geführt. Franz Biberkopf sei letztlich, so J. R. Becher, „eine wahnwitzige lebensunfähige Konstruktion".[58] Schon allein aufgrund dieser vom Autor unzureichend reflektierten gesellschaftspolitischen Problematik müsse auch der Roman unverbindlich enden.

Solche Kritik muß schon allein deshalb befremden, weil sie ihre eigenen politischen Interessen und Maximen zum Maßstab der Bewertung des Romans und seiner Hauptgestalt macht. Sie wünscht sich in Biberkopf den kämpferischen proletarischen „Helden" und ist enttäuscht, daß er ihren Ansprüchen am Ende nicht genügt. Sie greift aber auch deshalb zu kurz, weil sie in den Roman eine klassenkämpferische Ideologie hineinprojiziert, mit der sich Döblin in den zwanziger Jahren immer wieder kritisch auseinandergesetzt hat.

Wie ist aber letztlich das Romanende zu deuten und zu beurteilen? Was ist so irritierend an ihm? Ist es willkürlich? Wirkt es wie angehängt? Oder hat Döblin doch zu einem sinnvollen Abschluß gefunden? Eine eindeutige Auskunft darüber vermag auch der Autor nicht zu geben. Dem Germanisten Julius Petersen schreibt er im Jahre 1931:

> Ein schärferes Urteil über den befremdenden und scheinbar angeklebten Schluß des *Berlin Alexanderplatz* gewinnt der Verfasser vielleicht noch aus folgender Bemerkung: 1. ist dies Buch als erstes gedacht zu einem zweibändigen. Das zweite sollte (oder?) den aktiven Mann, wenn

> auch nicht dieselbe Person, geben; der Schluß ist sozusagen eine Überbrückung, – aber das andere Ufer fehlt. Dann ist der grundlegende geistige ‚Naturalismus' bei mir in eine besondere Conkretionsphase getreten, – es tritt ein mehr passiv-receptives Element mit tragischer Färbung gegen ein aktives Element, das mehr optimistisch ist, – das ‚Ich in der Natur' gegen das ‚Ich über der Natur'. In *Berlin Alexanderplatz* wollte ich durchaus den Franz Biberkopf zur zweiten Phase bringen, – es gelang mir nicht. Gegen meinen Willen, einfach aus der Logik der Handlung und des Plans endete das Buch so; es war rettungslos, mir schwammen meine Felle davon. Der Schluß müßte – eigentlich im Himmel spielen, schon wieder eine Seele gerettet, na, das war nicht möglich, aber ich ließ es mir nicht nehmen, zum Schluß Fanfaren zu blasen, es mochte psychologisch stimmen oder nicht. Bisher sehe ich: der Dualismus ist nicht aufzuheben. (M 42)

Immerhin, auch wenn der Autor letztlich seine Schwierigkeiten eingestehen muß, in seinem Text die Antinomie aufheben zu können, das Spannungsfeld, in dem die Schlußpassagen des Romans anzusiedeln sind, wird doch von ihm begrifflich markiert. Darauf ist bei der Deutung zu achten.

Der lakonische Befund des Erzählers am Ende des Romans, seine Aussage, daß Biberkopf eine neue soziale Identität gefunden habe, Hilfsportier in einer mittleren Fabrik sei, wird umkreist und überlagert von mannigfaltigen Bildern und Motiven, die im Romanverlauf allesamt eine gewichtige Rolle spielen. Hier, im Romanfinale, treten sie noch einmal in dichter Folge auf, bilden ein schillerndes Mosaik an Bedeutungen, Wertungen und Anspielungen, inszenieren ein Spiel von Verweisungen und Brechungen. Das den Roman prägende Montageprinzip wird zum Schluß vom Autor noch einmal virtuos genutzt. Das, was hier von ihm an ästhetischer Vermittlungs- und Gestaltungsarbeit geleistet wird, korrespondiert ja durchaus mit seinen Vorstellungen vom Ende des epischen Werkes. Die Collage hält den Romanschluß offen, indem sie die Widersprüche des Lebens, so, wie sie der „Held" kennengelernt hat, bestehen läßt. Und in der Tat, auch für Biberkopf ist die Welt – nach seiner Läuterung – ja nicht einfacher geworden. Die „Hure Babylon" war zwar im Kampf mit dem Tod unterlegen, mußte abziehen, doch sie wirkt weiterhin ungebrochen in dieser Welt, zieht die Menschen in ihren Bannkreis, verlockt und verführt, droht und vernichtet sie.

Vor diesem Horizont müßten die Schlußpassagen des Romans gelesen werden. Sie geben keine eindeutige Antwort auf die Frage nach dem weiteren Lebensweg des Helden. Erkennbar für den Leser ist, daß die hier auftretenden Motive antithetisch organisiert sind. Auf der einen Seite wird immer wieder deutlich, daß Biberkopf, resultierend aus seinen Lebenserfahrungen und aus der Begegnung mit dem „Tod", gelernt und neues Wissen erlangt hat. Das Sterben hat ihn gelehrt, Welt wahrzunehmen und an sich herankommen zu lassen, es hat ihn darüber hinaus zu einem Bewußtsein für die soziale Dimension der Lebenswelt, für die Bedeutung seiner Mitmenschen verholfen.

Das erste, was Biberkopf in seiner neuen Stelle bewußt wird, ist der Gedanke, nicht mehr allein zu sein. Jetzt nimmt er wahr, daß er Mitmenschen hat, die ähnliche Probleme haben wie er, daß sich um ihn herum Menschen bewegen, daß sein Gang mit dem Gang der anderen synchronisiert ist: „Es sind welche rechts von ihm und links von ihm, und vor ihm gehen welche, und hinter ihm gehen welche." (409). Isolation, Unbeteiligtsein und Abkapselung, mit anderen Worten, ein krampfhaftes, gewaltsames Sichbewahren führen, so glaubt er zu wissen, ins Unglück. Diese Einsicht ist genau das Gegenteil seines früheren Wahlspruches: „Verflucht, laß dich nicht mit die Menschen ein, geh deiner eigenen Wege. Hände weg von die Menschen." (53)

Erst Offenheit und Hinwendung zu den Mitmenschen ermöglichen dem einzelnen Selbsterfahrung und realistische Planungen („Da merke ich, wer ich bin und was ich mir vornehmen kann.") (409). Und die sind auch lebensnotwendig angesichts einer Welt, in der Gewalt herrscht, in die „Schlacht" (409) andauert. Erst aus solchem Wissen, aus der bewußten Anerkennung der Bedeutung der Gemeinschaft kann kluges, umsichtiges Handeln erwachsen. Damit wird nachgerade das entlarvt, was der „Held" immer wieder als undurchsichtiges Walten einer ominösen Schicksalsmacht gedeutet und als Grund für sein eigenes Unglück reklamiert hatte. „Was ist denn das Schicksal" (409), so fragt der neue Biberkopf und ahnt, daß er als einzelner mit seinem Erkennen und Handeln im zwischenmenschlichen Bereich immer schon die kollektiven Lebensbedingungen miterzeugt und mitträgt, denen er sich früher im dumpfen Schicksalsglauben ohnmächtig ausgeliefert sah. „Wo Erkenntnislosigkeit, Willenlosigkeit ist", so notiert Döblin an anderer Stelle, „ist Schicksal. Der Weg ist da, wo Erkennen und Wille ist."[59]

Mit dem löblichen, aber naiven Vorsatz, anständig bleiben zu wollen, konnte Biberkopf in dieser Welt „aus Zucker und Dreck" nicht bestehen, gleichviel, ob man in ihr nun die gewalttätige Großstadt, das Milieu der Benachteiligten, Deklassierten und Kriminellen, die zerrütteten politischen Verhältnisse am Ende der Weimarer Republik oder überhaupt die widersprüchliche kapitalistische Gesellschaftsordnung sieht. In dem Bewußtsein, sich mit anderen solidarisieren zu können, findet das Wissen Halt und Kraft: „Aber es ist auch schöner und besser", denkt Biberkopf, „mit andern zu sein. Da fühle ich und weiß ich alles noch einmal so gut. Ein Schiff liegt nicht fest ohne großen Anker, und ein Mensch kann nicht sein ohne viele andere Menschen. Was wahr und falsch ist, werd ich jetzt besser wissen." (409/410)

Und doch, die Maximen des neuen Lebens, die hier formuliert sind, unterliegen auch am Ende ständiger Bedrohung. Der Krieg ist noch nicht zuende. Die Lieder und Märsche, die den einstmals blind nach vorne stürmenden Biberkopf begleiteten und anfeuerten, die ihn in die Katastrophe trieben, sind noch nicht verstummt. Weiterhin bringen sie Kolonnen auf Trab. Doch Biberkopf ist auf der Hut, sieht sich vor, geht zu ihnen auf Distanz. Von seinem Fenster aus kann er sie beobachten. Einübung in Solidarität heißt für ihn nicht, Denken zu suspendieren, blind den anrollenden Worten des Betrugs und der Gewalt[60] zu folgen, sich mit Schritt und Tritt in die an seinem Fenster „mit Fahnen und Musik und Gesang" (410) vorbeiziehenden Marschkolonnen einzureihen. Sein Fazit: „Wenn ich marschieren soll, muß ich das nachher mit dem Kopf bezahlen, was andere sich ausgedacht haben. Darum rechne ich erst alles nach, und wenn es so weit ist und mir paßt, werde ich mich danach richten. Dem Mensch ist gegeben die Vernunft, die Ochsen bilden statt dessen eine Zunft." (410)

Damit spielt Döblin ein letztes Mal auf das den Roman prägende Opferthema an, bringt aber gleichzeitig eine entscheidende Differenzierung ein, die für die Deutung des Todes und damit für die Gesamtinterpretation des Romans nicht ohne Folgen ist: Sich aus der eigenen Ich-Verkrampfung zu lösen, sich einzubinden in den Lauf der Welt, sich gegenüber anderen zu öffnen, bedeutet nicht, sich als geistig-soziales Wesen aufzugeben. Damit ist kein Opfer im kreatürlich-animalischen Sinne gemeint, wie es die Schlachthofkapitel des vierten Buches demonstrierten; damit ist aber auch nicht gemeint, einfach draufloszumarschieren, sich blind jedem Kollektiv anzuschließen, das eigene Subjektsein in ihm aufzulösen.

Das, was Döblin Biberkopf am Ende suchen läßt, ist vielleicht der Anschluß an eine humane, d. h. kritische und kämpferische Gemeinschaft[61]. Kritisch ist sie nach Auffassung Döblins dann, wenn sie in ihrem Rahmen dem einzelnen eigenständiges Denken und verantwortliches Handeln ermöglicht; kämpferisch ist sie dann, wenn sie den Verblendungszusammenhang vom übermächtigen Schicksal aufbricht, den einzelnen aus seiner Isolation herausreißt und ihn – in wachsamer Solidarität mit den anderen – zur produktiven, d. h. konkreten Auseinandersetzung mit dem befähigt, was Staat, Gesellschaft und Wirtschaft dem einzelnen an entfremdeten Bedingungen aufoktroyieren. Genau in diese Richtung weisen auch die Schlußpassagen des Romans:

> Wenn sie Gasbomben werfen, muß ich ersticken, man weiß nicht, warum sie geschmissen haben, aber darauf kommts nicht an, man hat Zeit gehabt, sich drum zu kümmern.
> Wenn Krieg ist, und sie ziehen mich ein, und ich weiß nicht warum, und der Krieg ist auch ohne mich da, so bin ich schuld, und mir geschieht recht. Wach sein, wach sein, man ist nicht allein. Die Luft kann hageln und regnen, dagegen kann man sich nicht wehren, aber gegen vieles andere kann man sich wehren. Da werde ich nicht mehr schrein wie früher: das Schicksal, das Schicksal. Das muß man nicht als Schicksal verehren, man muß es ansehen, anfassen und zerstören. (410)

Wie allerdings diese soziale Verbindung praktisch am Ende der Weimarer Republik zu realisieren ist, darüber kann man nur mutmaßen. Offen bleibt schon, wie die an Biberkopfs Fenster vorbeimarschierenden Kolonnen politisch einzuordnen sind. Das „können, 1929, ebensogut die Braunen wie die Roten sein. Biberkopf scheint da keinen Unterschied machen zu wollen, er hat es, im übrigen, in der Vergangenheit flüchtig mit beiden gehalten. So wie er sich in seiner Geschichte gezeigt hat, könnte er einen tüchtigen, allerdings einarmigen SA-Mann abgeben, aber das beweist nichts: Döblin, der sich auch so am Ende bewußt über alle psychologische Realität hinwegsetzt, hätte ihn ohne weiteres sich den Roten anschließen lassen, wenn er selbst darin die Lösung des Falles gesehen hätte."[62]

Und auch die kursiv gesetzte Schlußpassage des Romans bleibt ambivalent, ja widersprüchlich: auf der einen Seite die mehr voluntaristische Geste, die alte Welt zum Einsturz zu bringen und Freiheit zu realisieren, also – in welch problematischer ästhetischer Form auch immer – der Vorschein auf eine neue Zeit („Es geht in die Freiheit, die Freiheit hinein, die alte Welt muß stürzen, wach auf, die Morgenluft") (411); auf der anderen Seite die Zitation des Trommlerliedes mit seinen Appellen, sich in die kriegsbereiten Kolonnen einzugliedern, auf Gedeih und Verderb mitzumarschieren („Und Schritt gefaßt und rechts und links und rechts und links, marschieren, marschieren, wir ziehen in den Krieg [...]") (411). Die Gefahr, sich falschen Kollektiven anzuschließen, ist also mit der neugewonnenen Individuation des „Helden", seiner neuen Einstellung zur Wirklichkeit, nicht geschwunden. Seine Fragilität und Gefährdung in konkreten gesellschaftspolitischen Situationen will und kann der Autor nicht aufheben. Noch viel weniger ist es ihm möglich, die drängenden Fragen der Praxis nach der politischen Realisierbarkeit des neuen Bewußtseins zu beantworten und damit das Verhältnis von Wissen und Verändern zu klären. Auch der von ihm aufgebotene Erzähler, der doch im Verlaufe des Romans nie um ein belehrendes Wort verlegen war, versagt es sich zum Schluß, eine Lösung vorzustellen: „Denn das pedantische, moritatenhafte Nachplappern des Refrains, der das Getriebe der Welt begleitet und verhüllt, ist ja keineswegs die erwartete moralische Schlußsentenz, die Ultima ratio, sondern das, was als ultima ratio gerade zu überwinden wäre."[63]

So hält die Offenheit des Romanschlusses ein Beteiligungsangebot nicht nur für die zeitgenössischen Leser bereit, das akute Problem, mit dem der „Held" auch weiterhin konfrontiert ist, als das ihrige zu begreifen und daraus – in unsicherer politischer Zeit – die entsprechenden Forderungen zu ziehen.

7
Rezeption

Ein einziges Werk kann manchmal die literarische Biographie seines Verfassers, seinen Ruf und seine Wirkungsgeschichte ganz und gar verändern. So verhält es sich mit Döblins BA. Sicherlich, der Autor war, bevor der BA erschien, eine feste literarische Größe in der Weimarer Republik. Seine Werke wurden von den Insidern des Literaturbetriebes beachtet und geschätzt. Doch kann keine Rede davon sein, daß sie auch umfassende Resonanz bzw. starken Zuspruch in einer weiteren literarischen Öffentlichkeit fanden. Erst durch die Veröffentlichung des BA wurde Döblin im In- und Ausland bekannt. Man übertreibt sicherlich nicht, wenn man behauptet, daß der Autor seinen Bekanntheitsgrad und Ruhm allein diesem Roman verdankt. Der Name Döblins impliziert heute fast mit logischer Konsequenz den Titel seines bekanntesten und wohl auch bedeutendsten Werkes.

Die Mechanismen des literarischen Marktes sind häufig indifferent gegenüber Fragen ästhetischer Qualität und Wirkung, das Buch ist hier primär Ware, und diese muß an den Käufer gebracht werden. Verkauft wird aber in erster Linie das, was gefällig und unterhaltsam ist, was letztlich den Konsumbedürfnissen des breiten literarischen Publikums entspricht. Diese Rechnung ist allerdings für Döblins BA nicht so ohne weiteres aufzumachen. Der Roman ist von höchster poetischer Artifizialität, repräsentiert in dem Jahr seines Erscheinens und wohl auch noch heute ein weit fortgeschrittenes Bewußtsein literarischer Moderne, verweigert sich also in seiner ästhetischen Gestaltung konsequent den psychologischen Erzählmustern und Handlungsmodellen epigonaler Romanliteratur und damit auch kulinarischen Leserinteressen. Und doch ist der Roman auf dem literarischen Markt nach wie vor ein Bestseller.[64] Zudem: Es gibt kaum ein Werk in der deutschen Literaturgeschichte, das bei seinem Erscheinen mit solcher Einhelligkeit von Kritik und Publikum begrüßt wurde wie Döblins BA.

Euphorisch waren die Reaktionen der Rezensenten. Man sprach, um nur einige repräsentative Stimmen wiederzugeben, von einem „neuen und außerordentlichen" Buch, von einem „großen Berliner Roman", sah in ihm sogleich ein „episches Kunstwerk von großem Stil und von neuem Stil". „*Berlin Alexanderplatz* hat", so der Kritiker der ‚Leipziger Neueste Nachrichten', „das Tempo unserer Zeit und die geistige Beweglichkeit seines Dichters. Es ist zugleich aktuell und gründlich, gegenwärtig und durch seine tiefe Menschlichkeit über die Stunde seiner Entstehung hinaus gültig."[65]

Daß der Roman nicht allein wegen seiner tiefen Menschlichkeit gültig bleiben sollte, dafür sorgten nicht nur der literarische Markt, sondern auch der sich in den zwanziger Jahren formierende Medienbetrieb, die zusammen dem Autor und seinem Werk in den folgenden Jahrzehnten eine bis heute andauernde Wirkung sichern sollten. Die fünf großen epischen Werke, die Döblin bis zu seinem 50. Geburtstag, und der war ein Jahr vor Erscheinen des BA, geschrieben hatte, erreichten zusammen etwa die Auflagenhöhe, die der Roman schon wenige Wochen nach seiner Publikation überschreiten sollte.

Die zentralen Kategorien, die später die Wirkungsgeschichte des BA nachhaltig bestimmen sollten, hat als einer der ersten W. Benjamin in seiner wichtigen Besprechung des Romans herausgestellt: Montage und Geschichte. Montage sei das „Stilprinzip des Romans"; sie sprenge den Aufbau des Romans und eröffne „neue, sehr epische Möglichkeiten"[66]. Dagegen sei die Geschichte vom Franz Biberkopf eine Art „Education sentimentale des Ganoven. Die äußerste, schwindelnde, letzte, vorgeschobene Stufe des alten bürgerlichen Bildungsromans."[67]

Aus welchem Blickwinkel und von welchem Interessenhorizont man in der Folgezeit auch immer den Roman betrachtete, entweder sah man in ihm die „education", den Bildungsroman in avancierter Form, oder man rezipierte ihn primär als epischen Aufriß der Stadt bzw. als Stadtmontage.

Es ist nicht ohne Ironie zu sehen, daß insbesondere die Kritiker aus dem sozialistischen Lager der Zeitschrift ‚Linkskurve', die teilweise sehr hart mit dem Roman ins Gericht gingen, ihn mit der Elle bürgerlicher Romanpoetik, eben ausschließlich mit dem Maßstab des bürgerlichen Entwicklungsromans maßen. „Tatsächlich aber", zu diesem überraschenden Schluß kommt etwa Klaus Neukrantz, „hat das Buch weder mit Berlin noch mit dem Alexanderplatz auch nur das geringste zu tun."[68] Im Mittelpunkt steht für ihn die Romanfigur mit ihrer Geschichte, eben Franz Biberkopf, der allein für sich anständig werden will. Und gerade darin sieht Neukrantz den Verrat Döblins. Im Roman vermißt er den „Typus des Arbeiters unserer Zeit", der in dem Roman doch seine sozialistischen Lehr- und Wanderjahre absolvieren sollte und, gereift zur sozialistischen Persönlichkeit, bewußt Anschluß an die Klassenkampfaufgaben des Proletariats[69] fände. Das poetische Muster des Bildungsromans ist also für Neukrantz politisch stimmig, nur die Gesinnung des „Helden" stimmt noch nicht.

Dagegen nahmen die Kritiker aus dem bürgerlichen Lager – zumindest partiell – durchaus die epischen Linien im Roman wahr, die – assoziativ – von der Geschichte des einzelnen weg in das kollektive Geflecht der Stadt führen und dann doch wieder zum Autor zurückfinden:

> „Die Assoziation führt", so schreibt etwa Willy Haas, „wie die Psychoanalyse weiß, am sichersten zu sich selbst. Also verwendet Döblin das Subjektivste: Assoziation, Wortanklänge, beiläufigste inhaltliche Anklänge, lange Nebenlinien, die weitab führen: zu sich selbst. Mir ist der Schnabel berlinerisch gewachsen, berlinerisch ist die Schnoddrigkeit, der kesse Straßenwitz, das ‚Na, wenn schon', das bin ich, Döblin, und nichts davon bleibe unversucht als Mittel zum Zweck! Ihr baut den Helden auf? Ich, Döblin, baue mich selbst auf, wie ich leib und lebe, mit meiner ganzen Umwelt. Ich sehe alles Mögliche, lese täglich Zeitungen, beobachte nicht *einen* Menschen, Herrn Biberkopf, sondern täglich hundert Menschen, denk mir bei jedem das Meine: das alles bin ich. Mit allem bin ich da, um den Helden ungeschoren das Seine leben zu lassen, mich nicht in Seines hineinzumischen. Auch wenn ich ihm hineinrede, und das tue ich fortwährend, geschieht es nur, um mich nicht in ihn zu mischen, mit ihm zu vermischen."[70]

Das Verdikt, was sich Haas in seiner Besprechung noch auferlegt, den Roman zur geschlossenen Form zu machen, und das heißt doch, positiv gewendet, Bereitschaft zu zeigen, ihm „die größtmögliche Peripherie, das Fabulieren, die gelockerte Phantasie, das Zyklische, die Erschöpfung eines bestimmten Weltumkreises mit oder ohne sichtbare Verknüpfungen zu belassen"[71], gerade dies wird von vielen zeitgenössischen Kritikern unterlaufen. Was sich hier in einzelnen Besprechungen andeutet, nämlich die beiden von Benjamin genannten Prinzipien miteinander zu versöhnen, entweder die Geschichte des einzelnen in das Panorama der Stadt zu integrieren oder in der Begegnung mit der Stadt den individuellen Werdegang Biberkopfs wiederzuentdecken, bestimmte die Rezeptionsgeschichte des BA in den folgenden Jahrzehnten bis in die siebziger Jahre. Allzuoft war das mit der Konsequenz verbunden, daß damit die durch die Widersprüchlichkeit der beiden Prinzipien evozierte Spannung des Romans im interpretatorischen Vollzug nivelliert wurde. Erst zu Beginn der achtziger Jahre, nicht zuletzt im Zusammenhang mit der Entstehung der Diskussion über die Postmoderne, erkannte man, daß Döblin mit seinen Montageverfahren nicht die Möglichkeiten des Bildungsromans erweitert, sondern überschreitet. Im Klartext: Es „gibt im Roman eine Menge Überschießendes, das durchaus quer steht zum Materialkomplex der erzählten ‚Geschichte'"[72].

Döblins radikales Experiment, Geschichte und Montage als unterschiedliche Prinzipien zu nehmen und ihre Widersprüchlichkeit im epischen Prozeß des Romans immer wieder auszuhalten, wird allerdings in den frühen Versuchen, das Werk in andere technische Medien zu transformieren, also aus dem Roman eine Hörspielfassung zu erstellen bzw. ihn zu verfilmen, nicht fortgeschrieben. In beiden Versuchen der Rezeption, in der Hörspielfassung wie auch in der Verfilmung, dominiert eindeutig das Prinzip der Geschichte, d. h. einer finalen Handlungsführung.

Die am 30. 9. 1930 in der Berliner *Funkstunde* urgesendete Hörspielversion, an der der Autor wohl auch – bei aller Skepsis – zeitweilig mitgearbeitet hat, macht dies schon in ihrem Titel deutlich: Von der Metropole Berlin ist hier nicht mehr die Rede, sondern allein von der Geschichte der Hauptfigur. Der Titel der Hörspielfassung ist identisch mit dem Untertitel des Romans. Dem korrespondieren Fabel und Gestaltung des Hörspiels. Sie sind ganz um das Einzelschicksal Biberkopfs zentriert, bieten Episoden aus seiner Lebensgeschichte, die ihren Kontrapunkt in der Figur des Todes besitzen, der hier zunächst als Ausrufer und Warner, zuletzt als Entlarver im Stile der bekannten Jederman-Dramaturgie auftritt.

Solche konventionelle Umarbeitung mag nicht nur angesichts des in der Romanvorlage virtuos ausgespielten Collageprinzips, sondern auch auf dem Hintergrund der Äußerungen überraschen, mit denen Döblin 1929 sein anläßlich der Kasseler Rundfunktagung verfaßtes Einleitungsreferat „Literatur und Rundfunk" schloß:

Der Rundfunk hat sein Hörspiel, das bisher mit Ausnahmen fast ganz in den Händen von Dramaturgen liegt, durchaus mit Hilfe der wirklichen Literatur zu entwickeln, denn es ist Sprache und dichterische Phantasie dazu nötig. Es ist mir sicher, daß nur auf ganz freie Weise, unter Benutzung lyrischer und epischer Elemente, auch essayistischer, in Zukunft wirkliche Hörspiele möglich werden, die sich zugleich die anderen Möglichkeiten des Rundfunks, Musik und Geräusche, für ihre Zwecke nutzbar machen.[73]

Von diesen genuinen ästhetischen Möglichkeiten des Hörspiels, die Döblin hier andeutet und die in dessen späterer Entwicklung, wie man weiß, ja auch intensiv aktualisiert worden sind, ist in der Hörspielfassung des Romans nichts zu erkennen. Sie „bleibt hinter den ästhetischen Standards zurück, die er als Epiker erreicht und setzt, die er als Theoretiker des Hörspiels [...] erarbeitet hatte."[74]

Das, was die Hörspielfassung charakterisiert, gilt auch für die Verfilmung des Romans aus dem Jahre 1931. *Berlin Alexanderplatz* ist ihr Titel, Piel Jutzi ihr Regisseur und Heinrich George, der schon den Biberkopf in der Hörspielfassung spielte, ihr Hauptdarsteller. Der von Döblin mitverantwortete Film konnte die ästhetischen Möglichkeiten nicht realisieren, die der Roman für eine filmische Bearbeitung bereitstellte.

„Außerordentlich", so schrieb schon Axel Eggebrecht in seiner Rezension des Romans, „ist die optische Beobachtungskraft Döblins. Hätten wir eine unternehmungslustige Filmindustrie, sie müßte sich um dies Buch reißen."[75] Sicher, die Filmindustrie reagierte unmittelbar und nahm den Roman als Vorlage für das Drehbuch, doch nicht aus ästhetischen, sondern aus stofflichen Gründen. Primär interessiert an ökonomischen Verwertungszusammenhängen, wollte man den Erfolg des Romans auch noch für den Film ausbeuten. Und dabei legte man „dem Objektiv, das den weitesten Horizont in ein Bild fassen, das in Momentaufnahmen tausende Bilder aus dem großen Gewühl des Lebens aufgreifen kann, dem Objekt legte man gleichsam Scheuklappen an"[76], um einstimmig und einsinnig im Längsschnitt das abgesonderte Einzelschicksal darzustellen: statt der filmischen Großstadt-Collage also ein konventionell gemachter Handlungsfilm, zugeschnitten auf den Filmstar Heinrich George, statt der fluktuierenden Bilder und Geräusche aus der nervösen Großstadtwelt die „durch urbanes Milieu lediglich dekorierte Lebensgeschichte des Helden".[77]

Bedenkt man, daß Döblin in seinen eigenen romantheoretischen Überlegungen mit der an psychologischen Handlungsmodellen orientierten Romantradition gebrochen und für die Epik einen „Kinostil" gefordert hatte, dann wurden hier zweifellos ästhetische Entwicklungsmöglichkeiten verspielt. „*Berlin Alexanderplatz* kann dieser Film, nach Döblins Roman, so bilanziert Herbert Iherig in seiner Besprechung des Films, „kaum heißen. Eher, nach der Hauptrolle, Franz Biberkopf. Er ist, wenn man das Niveau der Tonfilmproduktion bedenkt, ein wertvoller Film. Er ist, wenn man die Möglichkeiten des Stoffes und des Themas betrachtet, bedenklich [...] Ein Wagnis glückt nur, wenn es zu Ende gewagt wird. Halbheiten schädigen – auch den Erfolg. In Döblins Roman ist die Filmform vorgezeichnet. Er war, übertrieben gesagt, ein geschriebener Film." (M 241)

Daß man nicht unbedingt in seiner filmischen Arbeit am BA der individualisierenden Figurengestaltung und psychologisierenden Handlungsführung entsagen muß und dennoch eine eigenständige, ästhetisch anspruchsvolle filmische Deutung des Romans entwickeln kann, zeigt Rainer Werner Fassbinders aufwendige 14teilige Fernsehinszenierung des Werkes aus dem Jahre 1980. Auch Fassbinder, zeitlebens ein glühender Verehrer Döblins, bietet in seinem Film keine äußere Stadtmontage, noch viel weniger eine zeitgeschichtliche Rekonstruktion Berlins als Rahmen für die Geschichte Biberkopfs. Vom Alexanderplatz sieht man nur die U-Bahn-Station, ein kahles, ödes Labyrinth. Seine Aufmerksamkeit gilt der Geschichte, besser: den vielen kleinen Geschichten bzw. Handlungsfetzen innerhalb des Romans; in diesem Sinne hat er einen Spielfilm gedreht. Aber er ist nicht, und das unterscheidet ihn von Jutzi, an dem Was, sondern an dem Wie der Geschichte(n) interessiert. Das Wesentliche „ist ganz einfach", schreibt er, „wie das ungeheuerlich Banale und Unglaubwürdige an Handlung erzählt wird"[78]. In dem Wie des Erzählens glaubt er die verborgenen Geschichten und Schichten der Döblinschen Romanfiguren entdecken zu können. Diese versucht er in Bilder zu setzen. Sein Film bleibt vor der äußeren Erscheinungswirklichkeit der Figuren nicht stehen, sondern er ist eine Reise in ihr Inneres. Fassbinder will ihr Innenleben, also das, was unterhalb der knirschenden Funktionalität des Alltagslebens an unbewußten Kräften in ihnen wirkt, erkunden. Metaphorisch gesprochen ist sein Film auch ein Versuch, in das Labyrinth der inneren Stadt der Romanfiguren, in ihre abgelegenen und dunklen Seelenräume zu gelangen. Allein das ist vermutlich auch der Grund dafür gewesen, daß Fassbinder manche Passage des Films stark unterbelichtete. Daß große Teile des Fernsehpublikums für dieses ambitiös in Szene gesetzte „Dunkelkammerspiel"[79] wenig Verständnis aufbrachten, daß einzelne Zuschauer sogar, angestachelt durch die Invektiven der Boulevardpresse („Schmuddelsex", „Orgie der dummen Redensarten") dessen Absetzung vom Programm forderten, spricht indes für sich selbst.

Unterrichtshilfen

1
Didaktische Aspekte

Warum ist – im Augenblick – der neue naturalistische Geist so eng an die Städte gebunden, enger als der Geist einer früheren Epoche? Weil er sich einen adäquaten Leib in den Städten schafft. Der technische Impuls braucht durchaus zu seiner Verwirklichung große Kollektivwesen, Massen. Die Städte, besonders die Großstädte, sind technische Arbeitsstätten. Sie zeigen dabei sofort, was charakteristisch für diese Epoche ist: die Monotonie, die Gleichförmigkeit, die spezifische Rationalisierung dieser Epoche... Wie der alte bestehende Staat zu der Technik und ihren Erzeugnissen steht, zeigt die Großstadt sofort. Es gibt nichts, was vom Standpunkt der alten Kraft und Gesinnung aus an Herausforderung und naiver Schamlosigkeit den großstädtischen Läden, Schaufenstern, Kaufhäusern gleicht. Jeder Privatmann kann unbelästigt Läden, ganze Warenhäuser aufmachen und Produkte auslegen. Hier wird keine Zensur geübt wie in dem viel weniger gefährlichen, weil konservativen Geistigen der Literatur und Kunst. Der unscheinbare Händler kann seine Waren dekorieren, beleuchten, suggestiv anordnen. Ein Blick zeigt, was hier getrieben wird: Bedürfnisse befriedigt und neue Bedürfnisse gezüchtet. Intensiv praktisch wird hier am Menschen gearbeitet. Der technische Geist geht durch die Straßen, agitiert und bildet. (L 72/82)

Das sind zentrale Aussagen aus Döblins programmatischem Aufsatz „Der Geist des naturalistischen Zeitalters", den er 1924 publiziert hat. Er thematisiert retrospektiv die Breite und Rasanz in den Veränderungen und Innovationen der technischen Zivilisation, die Folgen von Industrialisierung und Urbanisierung auf allen gesellschaftlichen und ökonomischen Gebieten, also historische Transformationsprozesse, die in Deutschland mit der Reichsgründung 1871 verstärkt einsetzten, zu Beginn des zwanzigsten Jahrhunderts einen ersten Gipfelpunkt erreichten und in der Gegenwart zunehmend Tempo gewinnen. Dabei macht er zugleich den Geist der neuen Zeit deutlich, der mannigfaltige Modernisierungsschübe in Technik, Verwaltung und Industrie gebracht hat und sich in gesteigerter und verdichteter Form in den Verkehrsformen der großen Stadt selbst äußert. Von diesem Geist ist Döblins wichtigstes Werk, der BA, nachhaltig geprägt und durchdrungen. Er macht neben anderen bedeutenden Elementen die spezifische Modernität dieses Werkes aus, die seit vielen Jahrzehnten die Leser immer wieder zu neuen Deutungsbemühungen herausfordert.

Die hier dargestellte und dokumentarisch eingeholte urbane Lebenswelt, ihre auf die Massen zugeschnittenen Verkehrs- und Kommunikationsmuster, die von ihr ausgehende Reizüberflutung und die von ihr erzeugten Lebensstile, aber auch ihre mannigfaltigen Ordnungssysteme, all diese Erscheinungen, Merkmale und Symptome kennen die Schüler sicherlich aus ihrer eigenen Wirklichkeit; bestens scheinen sie mit ihnen vertraut zu sein. Doch mindert dieser Befund keineswegs den Aktualitätswert der im Roman erzählten und gebauten großstädtischen Welt. Im Gegenteil, was den Schülern aus ihrer Lebenswelt *bekannt* ist, muß ja von ihnen noch lange nicht in seiner Bedeutung und Funktion *erkannt* sein. Häufig genug ist das, was sie in ihrem urbanen Umfeld an Phänomenen registrieren, in dem Charakter seiner Vermittlung und Repräsentanz, seiner Genese und weitverzweigten Wirkungen von ihnen nicht durchschaut. In dieser Hinsicht können Lektüre und Untersuchung des BA im Unterricht durchaus wichtige katalysatorische Funktionen entfalten. Unter Umständen machen sie die Brisanz der Lebensgeschichte bzw. die riskierte Lebensform des Individuums im Labyrinth der Stadt, d. h. aber letztlich auch seinen Anspruch in ihr bewußt, „die Selbständigkeit und Eigenart seines Daseins gegen die Übermächte der Gesellschaft, des geschichtlich Ererbten, der äußerlichen Kultur und Technik des Lebens zu bewahren"[80]. So kann die Beschäftigung mit dem BA die Schüler an die historischen Wurzeln dessen heranführen, was ihr eigenes Leben und Erleben in der modernen Welt, zumal in der Großstadt, ausmacht: Auf der einen Seite wird ihnen hier das Leben – diese Diagnose des Soziologen Simmel hat weiterhin Bestand – unendlich erleichtert, indem Impulse, Interessen und Reize sich ihnen aus allen Richtungen aufdrängen „und sie wie in einem Strome tragen, in dem es kaum noch eigener Schwimmbewegungen bedarf."[81] Auf der anderen Seite erfahren sie, wie sich ihr Leben mehr und mehr aus unpersönlichen Inhalten, institutionellen Verpflichtungen, organisatorischen Erfordernissen zusammensetzt, aus Zwängen also, die ihre Freiheit und Individualität einschnüren, so daß dieses Persönlichste, damit es sich rette, „ein Äußerstes an Eigenart und Besonderung aufbieten", es geradezu übertreiben muß, „um nur überhaupt noch hörbar, auch für sich selbst zu werden."[82]

Für solche teilweise sehr abstrakten Erfahrungen bietet das im BA dargestellte Einzelschicksal des Franz Biberkopf den Schülern anschauliche Bezugspunkte und mannigfaltige Anregungen, die eigenen Wahrnehmungs- und Verhaltensformen kritisch zu prüfen. Dabei ist es nur von Vorteil, daß der Protagonist – aufgrund seiner Vorgeschichte, seines Charakters und seiner Lebensweise – für sie keine Identifikationsfigur darstellt. Gerade deshalb kann ja an ihm etwas demonstriert werden, können an ihm elementare Züge des Großstadtmenschen exemplarisch gemacht werden, und zwar in exponierter Weise: Biberkopf hat kaum oder gar keine Zeit, sich kognitiv mit der widerständigen urbanen Wirklichkeit auseinanderzusetzen; all die Probleme, die auch heute das Leben in der Stadt prägen, erfährt er am eigenen Leibe: Einsamkeit, Entfremdung, Reizüberflutung, Orientierungsverlust.

Die Stadt prägt die Geschichte des einzelnen: Sie bietet ihm Möglichkeiten der Lebensentfaltung, sie kann sich ihm aber auch als materielle und soziale Lebensgrundlage entziehen, ihn selbst zunichte machen, das ist ein wichtiger Zusammenhang, den es im Unterrichtsprozeß zu thematisieren und zu reflektieren gilt.

Die Stadt selbst besteht aus Schichten und Geschichten, ist ein komplexer Text, der immer wieder neu entschlüsselt werden muß, das ist eine weitere bedeutende erkenntnismäßige Herausforderung für die Schüler, die in einer Welt der Zeichen und sekundären Strukturen leben. In der Auseinandersetzung mit der poetischen Konstitution des Romans, die auch die Abrichtung des Einzelschicksals auf das funktionale Netzwerk der Großstadtsdiskurse sinnfällig macht, kann ihnen bewußt werden, wie ihr eigenes Leben „tausenderlei übergeordneten und untergründigen Vorbedingungen, ‚Strukturen', Überlieferungen gehorcht".[83] In der Beschäftigung mit den vielfältig miteinander verklammerten und verschränkten Diskursen des BA begreifen sie vielleicht, wie sie selbst von Texten und Bildern umstellt sind, ja von ihnen so konditioniert werden, daß sie selbst nur noch aus Texten zu bestehen und zu leben scheinen.

Erfahren die Schüler einerseits die Großstadt im BA als Paradigma, als poetischen Ort, an dem die Strukturen und Funktionen der modernen Welt dargestellt werden, so können sie andererseits in der Gestaltung des Romans spezifische moderne epische Techniken kennenlernen, die die Realität der Großstadt in der Vielfalt ihrer optischen und akustischen Reize authentisch vergegenwärtigen: die Collage, den Kino- und Simultanstil, den inneren Monolog und die erlebte Rede.

Es empfiehlt sich, Döblins Text im Grund- und vor allem im Leistungskurs der gymnasialen Oberstufe zu behandeln. Aufgrund seiner komplexen epischen Vermittlung, seiner knappen, zum Fragmentarischen tendierenden Sprache, der virtuos vom Autor angewandten Montagetechnik und der mannigfaltigen literarhistorischen, mythologischen, zeitgeschichtlichen Anspielungen beansprucht der Text ein hohes, altersspezifisches Rezeptionsniveau. Günstig ist eine Behandlung des Textes in der 12. bzw. 13. Jahrgangsstufe. Das schließt nicht aus, einzelne Ausschnitte aus dem Roman im Rahmen einer Unterrichtsreihe über Großstadtdichtungen im 20. Jahrhundert exemplarisch zu besprechen. Geeignet dafür sind beispielsweise die Kapitel innerhalb des Romans, in denen spezifische Orte Berlins, etwa der Alexanderplatz oder der Rosenthaler Platz, veranschaulicht werden. Ein solches Verfahren, das sicherlich einem auf die Prinzipien von Ganzheit und Finalität verpflichteten literaturdidaktischen Ansatz nicht ganz unverdächtig ist, sieht sich geradezu gerechtfertigt durch das Diktum des frühen Döblin. „Wenn ein Roman", so formuliert er 1917, „nicht wie ein Regenwurm in zehn Stücke geschnitten werden kann und jeder Teil bewegt sich selbst, taugt er nichts." (L 21)

Diese relative Selbständigkeit der Teile, die collagierten Dokumente,

Motive und Episoden, das komplexe und komplizierte Arrangement von Geschichte und Montage bereitet allerdings auch bei der Lektüre des Romans und seiner Behandlung im Unterricht entscheidende Schwierigkeiten. Das könnte Konsequenzen für die didaktische Aufbereitung des Romans zeitigen. Es bleibt zumindest zu überlegen, ob es überhaupt sinnvoll ist, den Text von den Schülern, bevor er im Unterricht behandelt wird, zu Hause lesen zu lassen (in ca. drei bis vier Wochen). Es gilt dabei im einzelnen zu bedenken, daß der Roman relativ umfangreich und seine Handlungsspannung ziemlich gering ist. Mit anderen Worten: Die mehrwöchige häusliche Lektüre des Romans birgt die Gefahr, daß der Schüler mit seinen Rezeptionsschwierigkeiten alleingelassen wird, also vermutlich auch keine Gelegenheit hat, seine Probleme und Irritationen im Umgang mit der epischen Vermittlung des Werkes zu thematisieren und mit den Mitschülern zu besprechen. Die Konsequenz, daß mancher Schüler nur mit großem Widerwillen den Roman liest oder gar dessen Lektüre schon nach wenigen Seiten entmutigt aufgibt, kann hier nicht ausgeschlossen werden. Auf der anderen Seite bringt – das sollte nicht übersehen werden – ein solches Verfahren sicherlich den Vorteil, den Zeitraum der Auseinandersetzung mit dem Roman im Unterricht von intensiver und aufwendiger Lektürearbeit zu entlasten.

Eine gute Chance, gemeinsam thematische, sprachliche, poetische Probleme des Textes kennenzulernen und ausgiebig zu erörtern, bietet die Methode, den Roman in Form verzögerter Rezeption zu erschließen, d. h. seine Untersuchung im Unterricht mit der häuslichen Lektüre korrespondieren zu lassen, so daß die Rezeptionsprozesse der Schüler selbst konkret und schrittweise zum Thema des Unterrichts gemacht werden können. Entschließt man sich dazu, dann sollten allerdings die Schüler während ihrer Lektürezeit von aufwendigen schriftlichen Hausaufgaben befreit werden. Kompensiert werden kann dieses Defizit fraglos dadurch, daß man sie dazu anhält, ihre persönlichen Lektüreerfahrungen anhand eines Lesetagebuches zu dokumentieren. In dem Tagebuch sollte auf jeden Fall der inhaltliche Verlauf des Romans festgehalten werden. Dazu dient eine Tabelle (Schaubild II) der besseren Orientierung. Sie ist von den Schülern analog zu den einzelnen Lektüreschritten zu bearbeiten und in das Tagebuch zu integrieren. In ihm sollten sie aber auch all das notieren, was sie bei dem Lesen des Romans als auffällig, wichtig und erklärungsbedürftig wahrnehmen. Hier sollten also vornehmlich ihre Interessen an bestimmten Problemen und Fragestellungen des Textes deutlich werden. Des weiteren könnten sie im Lesetagebuch aber auch Erwartungen in bezug auf den weiteren Lektüreverlauf formulieren.

Der didaktische Vorteil des Lesetagebuches für die Schüler liegt auf der Hand: Aufs Ganze gesehen bildet es die einzelnen Phasen ihres individuellen Lektüreprozesses ab; gleichzeitig erleben diese – im Vergleich mit den üblichen im Deutschunterricht praktizierten Rezeptions- und Analyseverfahren – die Romanlektüre bewußter und fühlen sich in ihrem privaten Umgang mit dem Text auch ernst genommen, zumal dann, wenn der Lehrer im Unterricht, etwa zu Beginn der Stunden, Freiräume einrichtet, in denen die eigenen Lektüreerfahrungen immer wieder ausgetauscht und erörtert werden können.

Nach Abwägung aller Vor- und Nachteile ist dem hier entwickelten Unterrichtsmodell das Verfahren verzögerter Rezeption zugrunde gelegt worden. Diese Entscheidung ist indes nicht als Dogma zu betrachten. Daß Döblins BA auch nach vorgeschalteter häuslicher Lektüre sinnvoll im Unterricht untersucht werden kann, darüber besteht überhaupt kein Zweifel. Im Einzelfall wird der Lehrer sicherlich je nach Lerngruppe, organisatorischen Erfordernissen und zeitlichen Möglichkeiten genau prüfen müssen, für welche Methode er sich letztlich entscheidet.

2
Unterrichtsreihen

Der Umfang und die poetische Komplexität des BA legen es nahe, ihn allein zum Gegenstand einer Unterrichtsreihe zu machen. In diesem Fall kann man sich intensiv und ziemlich umfassend mit der Vielfalt an Themen, Motiven und Sprachformen auseinandersetzen, die den Text in seinem Problemgehalt und seiner poetischen Gestalt prägen. Es bietet sich beispielsweise an, das Werk als bedeutendes Paradigma der modernen deutschen Romanliteratur des 20. Jahrhunderts zu untersuchen. Eine solche Analyse könnte sich primär an der Fragestellung orientieren, in welcher Weise die veränderten historisch-gesellschaftlichen Wirklichkeitserfahrungen zu Beginn des 20. Jahrhunderts hier literarisch reflektiert und verarbeitet werden.

Wer über die Interpretation des BA hinaus in der Unterrichtspraxis weitere epische Texte als literarisches Vergleichs- und Spiegelungsmaterial einsetzen will, der wird sinnvollerweise auf die zeitgenössische Literatur, auf die Roman- und Reportageliteratur in der Weimarer Republik und zu Beginn der Nazi-Zeit zurückgreifen. Empfehlenswert sind vor allem die Romane Hans Falladas, etwa *Kleiner Mann – was nun?* (1932) und *Wer einmal aus dem Blechnapf frißt* (1934), weil sie teilweise in einem ähnlichen Milieu spielen und auch ähnliche Probleme thematisieren wie der BA.

Wer stärker an Fragen der poetischen Form, überhaupt an Konstitutionsfragen des Projektes literarischer Moderne interessiert ist, könnte Döblins BA auch im Zusammenhang mit Rilkes Roman *Die Aufzeichnungen des Malte Laurids Brigge* untersuchen (poetische Vermittlung von Großstadterfahrungen, literarische Rezeption biblischer Motivik, Darstellung der Todesproblematik). Das gilt auch für eine vergleichende Betrachtung von Döblins Werk mit *Manhattan Transfer*, einem New-York-Roman von John Dos Passos, der 1925 publiziert wurde und von den Literaturkritikern neben dem *Ulysses* von Joyce gern in die literarische Filiation des BA gestellt wird.

Vorstellbar ist es aber auch, den Roman ins Zentrum einer Unterrichtsreihe zu stellen, die sich mit verschiedenen literarischen Diskursen (Lyrik, Romanausschnitte, Denkbilder, Erzählungen, Essays) über Probleme der Großstadt (Alkohol, Drogen, Prostitution, Kriminalität, Verelendung etc.) und über Erfahrungen der Menschen in ihr (Entfremdung, Isolation, Orientierungsverlust) beschäftigt. Neben naturalistischer und expressionistischer Großstadtlyrik/-essayistik könnten in diesem Kontext wiederum auch epische Werke von Zola, Raabe, Kretzer *(Meister Timpe)* und W. Koeppen *(Tauben im Gras*, 1951) berücksichtigt werden.

Sinnvoll und plausibel ist es auch, Döblins Roman primär unter rezeptionsgeschichtlichen Aspekten zu untersuchen, also ihn im Zusammenhang mit den medialen Orten zu analysieren, an denen er nach seiner Veröffentlichung aufgenommen, verarbeitet und umgestaltet wurde: im Hörspiel aus dem Jahre 1930, in der Verfilmung von 1931 und in Fassbinders aufwendiger Fernsehinszenierung aus den Jahren 1979/80. Ein solches Unterfangen ist schon allein deshalb reizvoll, weil sich Döblins Roman wie „ein geschriebener Film" liest (M 185). Hinzu kommt, daß der Verfasser in seinen romantheoretischen Schriften ja selbst, wie wir gesehen haben, mit Begriffen arbeitet, die der Poetik des Films entnommen sind: z. B. Kinostil, Simultantechnik.

Das führt zu einem letzten Vorschlag. Praktikabel erscheint auch eine Unterrichtsreihe, die darauf abhebt, den BA im geschichtlichen Zusammenhang mit der Biographie und Poetologie seines Verfassers zu interpretieren. Heranzuziehen wären dabei etwa frühe Erzählungen Döblins (z. B. *Die Segelfahrt, Die Ermordung einer Butterblume*) und seine poetologischen Reflexionen über den Roman seit 1913.

3
Unterrichtssequenzen

Die Unterrichtsreihe ist auf ca. 18 Unterrichtsstunden im Grundkurs und etwa 24 Stunden im Leistungskurs konzipiert. Um den Schülern die für die Analyse des Textes notwendigen Hintergrundinformationen zu vermitteln, aber auch um für sie genügend Lektürezeit während der Durchführung der einzelnen Unterrichtssequenzen sicherzustellen, sind schon vor Beginn der Reihe einzelne Referate zu vergeben:
1. Überblick über das Leben und Werk Döblins
2. Entstehung des Romans – Arbeitsweise Döblins

3. Überblick über die verschiedenen romantheoretischen Positionen des Autors
4. Berlin am Ende der Weimarer Republik
5. Informationen zum Buch Hiob und zur Johannes-Apokalypse

Die Referate sollten nach Möglichkeit dann in den Unterrichtszusammenhang einbezogen werden, wenn von den Schülern umfangreichere Lektürephasen zu bewältigen sind.

Die hier tabellarisch ausgewiesenen Unterrichtssequenzen stellen ein Planungskonzept für den Leistungskurs dar; das Programm für den Grundkurs ergibt sich aus der Kürzung des zeitlichen Umfangs der Reihe.

Wie oben erwähnt, empfiehlt es sich, den Roman im Zusammenhang mit den Rezeptionsformen zu untersuchen, die er an verschiedenen medialen Orten gefunden hat. Hier bietet sich ein weites Feld an didaktischen Chancen, die einzelnen Unterrichtssequenzen zu veranschaulichen und zu erweitern. Ob diese Möglichkeiten letztlich genutzt werden, hängt sicherlich von organisatorischen Voraussetzungen und den didaktischen Erwägungen des Unterrichtenden ab. Aus diesem Grunde ist auch weitgehend darauf verzichtet worden, die Rezeption des Romans durch Hörspiel und Film in den Unterrichtszusammenhang einzubinden. An einigen Stellen sind indes Ansätze und Alternativen angedeutet worden. Sie sind leicht zu realisieren, weil die entsprechenden Texte und Materialien problemlos greifbar sind (vgl. Literaturverzeichnis). Ohne große Mühe können auch die Filme bei den jeweiligen Filmverleihstellen und Fernsehanstalten ausgeliehen werden.

Gegenstände und Unterrichtsverläufe der unten skizzierten Sequenzen lehnen sich teilweise eng an die vorausgegangenen Textanalysen und Problemuntersuchungen an; die zugehörigen Kapitel lassen sich leicht auffinden, so daß auf detailliertere Erläuterungen und Deutungen verzichtet werden kann.

Verwendete Abkürzungen:

GA	= Gruppenarbeit	PA	= Partnerarbeit
GK	= Grundkurs	Ref	= Referat
HA	= Hausaufgaben	SV	= Schülervortrag
LK	= Leistungskurs	TA	= Tafelanschrift
LV	= Lehrervortrag	UG	= Unterrichtsgespräch

1./2. Stunde (LK)

Gegenstand	Das Verhältnis von Großstadt und Lebensgeschichte
Didaktische Aspekte	Erste Interpretationsgesichtspunkte zur Erschließung des Romans
Unterrichtsverlauf	1. SV: Rezeptionstheoretische Überlegungen zum Titel und zum Untertitel 2. UG: Mögliche Beziehungen von Titel und Untertitel; erste Hinweise zur dichotomischen Anlage des Romans: Geschichte – Montage; Individuum – Stadt 3. UG: Gemeinsame Lektüre und Untersuchung des Beginns des 4. Buches (S. 105-106) a) Klärung von Sachfragen und Rezeptionsschwierigkeiten; Bestimmung von Auffälligem b) Topographie des Platzes c) Hinführung zu den dokumentarischen Techniken Döblins: epischer Bericht/Montage d) Funktion und Wirkung der Montage; eventuell: Einspielung der entsprechenden Sequenzen aus dem Hörspiel oder der Anfangsmontage aus Fassbinders Film (vgl. auch die Fotos in dem Arbeitsjournal von R. W. Fassbinder und H. Baer)
Methodische Hilfen	zu 1) TA: Festhalten von Vorstellungen und Erwartungen, die die Schüler mit dem Titel (zentraler Platz in der Großstadt um 1929) und dem Untertitel (Geschichte vom Franz Biberkopf) verbinden zu 3) Veranschaulichung des Platzes durch Fotos (vgl. die Materialien im Arbeitsjournal von R. W. Fassbinder und H. Baer); Benutzung eines Stadtplanes (Kopie) Leitfragen: Welche Phänomene werden am Ort wahrgenommen? Wie wird die Realität des Platzes dargestellt? Welche epischen / sprachlichen Mittel werden vom Autor verwendet? Welche Wirkungen löst die epische Präsentation des Platzes im Leser aus?
Hausaufgaben	GA (arbeitsteilig): I. Analysieren Sie das Umschlagbild von C. Piatti. 1. Bestimmen Sie den Aufbau des Bildes. 2. Mit welchen Elementen arbeitet der Grafiker? 3. Welche Beziehungen bestehen zwischen dem Umschlagsbild und Döblins Darstellung des Platzes? II. Begeben Sie sich auf einen belebten Platz der Stadt. Beobachten Sie von einem bestimmten Standort aus Menschen, Dinge, Vorfälle und Gespräche. Notieren Sie, was Sie an optischen Reizen, Geräuschen und Gerüchen wahrnehmen. Erstellen Sie aus Ihren Notizen eine kleine Sprachcollage.

3./4. Stunde (LK)

Gegenstand	Die Geschichte Biberkopfs und die Rolle des Erzählers
Didaktische Aspekte	Einsicht in die narrative Vermittlung der Geschichte des „Helden"
Unterrichtsverlauf	1. Besprechung der HA 2. Untersuchung des Romanprologs a) Gemeinsame Lektüre des Prologs b) PA: Analyse des Textes anhand von Leitfragen c) SV: Auswertung der Ergebnisse d) LV: Erläuterungen zum Bänkelsang: Thematik, Form der Präsentation (deiktische Rede, Zeigestock, Bildtafeln), Funktion, Wirkung e) UG: Resümierende Interpretation des Prologs – Darstellung der epischen Funktionen (Distanzierung und Desillusionierung des Lesers; Etablierung einer Reflexionsebene, die primär auf das Wie des Zusammenhangs von literarischer Problemformulierung und Problemlösung zielt)
Methodische Hilfen	zu 1) TA: Merkmale und Funktionen der Collage *Merkmale* / *Funktionen* Verwendung von authentischen Materialien aus der Außenwelt; künstliche Zusammenstellung von verschiedenen, möglichst konträren Elementen; Stehenlassen der Bruchstellen, harte Schnitttechnik, keine harmonische Verschmelzung / Offenheit; Möglichkeit, Simultanes darzustellen und Wirklichkeit neu zu buchstabieren; Stimulierung der Phantasie des Betrachters; Aufforderung zu multiperspektivischem Sehen zu 2b) Welche Vorinformationen erhält der Leser im Prolog über den „Helden", den Handlungsverlauf und das Romanende? In welcher Beziehung steht der Erzähler des Prologs zum „Helden" und Leser? Welche sprachlichen Eigenheiten charakterisieren die Vorrede? Bestimmen Sie Satzbau und Wortwahl. Kennzeichnen Sie die vom Autor verwendeten Bilder zu 2d) Rekonstruktion des situativen Kontextes des Bänkelsangs; epische Form der Repräsentation; Funktion: didaktisierend und moralisierend zu 2e) TA: Schaubild I
Hausaufgaben	Lektüre 1. Buch, Kapitel 1–5

5./6. Stunde (LK)

Gegenstand	Der Romanbeginn – das traumatische Erlebnis der Stadt
Didaktische Aspekte	Veranschaulichung der Schwierigkeiten von Erzähler und „Held", in eine Geschichte zu kommen
Unterrichtsverlauf	1. UG: Rekurs auf den Lektüreprozeß der Schüler: Thematisierung von Rezeptionsschwierigkeiten und Verstehensproblemen (Lesetagebuch) 2. UG: Die Exposition des Romans: Vorgeschichte, Hauptperson, Raum, Zeit, Handlung – Untersuchung d. 1. Kap. (S. 8–11). 3. UG: Wahrnehmung der Wirklichkeit der Großstadt 4. GA (arbeitsteilig): Untersuchung der epischen Präsentation a) narrative Elemente: Erzählsituation; -haltungen; Erzählerrollen; Techniken: innerer Monolog, erlebte Rede, Montage b) sprachliche Realisierung: Untersuchung des Satzbaus (Parataxe), der Wortwahl und der Bildlichkeit 5. UG: Zusammenfassende Deutung des Romanbeginns Alternative: Vergleichen Sie den Romananfang mit dem Beginn des Films von Jutzi.
Methodische Hilfen	zu 1) Nutzung des Lesetagebuches; mögliche Leitfragen: Was ist bei der Lektüre wichtig/auffällig gewesen? Welche Fragen/Probleme/Schwierigkeiten ergaben sich für Sie während des Lektüreprozesses? Was ist bislang geschehen? Wie geht es weiter? zu 2 u. 3) Welche Informationen gibt der Autor über die Vorgeschichte und Person des „Helden"? Wie nimmt Biberkopf die „neue" Umwelt wahr? Welche Vorstellungen und Gefühle beherrschen sein Innenleben? Wie verhält er sich? zu 4) Gruppe a: Wer erzählt? Aus welcher Situation wird erzählt? Wie wird erzählt? In welcher Beziehung steht der Erzähler zur Hauptfigur? Welche Bedeutung haben die Klammersätze? Gruppe b: Welche unterschiedlichen Sprachschichten/-formen enthält das Anfangskapitel? In welcher Weise setzt der Autor Wahrnehmung, Denken und Verhalten der Hauptperson sprachlich um? Wie wirkt die sprachliche Gestaltung des Anfangskapitels auf den Leser? zu 5) Fazit. Impuls: Charakterisieren Sie die Situation des „Helden" am Ende des ersten Kapitels.
Hausaufgaben	Lektüre des 1. und 2. Buches; Erstellung einer Inhaltsübersicht in Form einer Matrix (Schaubild II). Begleitaufgaben (arbeitsteilig): 1. Mit welchen Problemen wird ein Strafentlassener möglicherweise in der „neuen" Umwelt konfrontiert (in Stichworten)? 2. Wie wird es Franz Biberkopf nach Verbüßung seiner Gefängnisstrafe in der Großstadt ergehen? Skizzieren Sie mögliche Stationen seines weiteren Lebensweges.

7./8. Stunde (LK)

Gegenstand	Erzählte und montierte Stadt
Didaktische Aspekte	Einsicht in die unterschiedlichen Wahrnehmungen und Deutungen der Stadt
Unterrichtsverlauf	1. SV und UG: Besprechung der HA (Lesetagebuch) 2. Ref. über Berlin am Ende der zwanziger Jahre 3. PA (arbeitsteilig): Untersuchung von unterschiedlichen Stadtansichten a) Die Stadt als funktionales System: Bilder und Verwaltungstexte: S. 38-40 („Franz Biberkopf betritt Berlin [...] an Herrn Prangel zum Ausdruck gebracht.") b) Die Stadt als Organismus: S. 40-42 („Der Rosenthaler Platz unterhält sich [...] schlagen kleine Steine in die Erde."). 4. SV und UG: Auswertung der Ergebnisse – vergleichende Betrachtung; Rekurs auf das Prinzip der Montage
Methodische Hilfen	zu 1) TA: mögliche Aspekte: Desintegration, Isolation, Orientierungsverlust, keine familiäre und berufliche Perspektiven, Überforderung durch das Überangebot an Reizen; kaum Rehabilitationschancen, Beginn einer neuen kriminellen „Karriere" Überleitungsfragen zu 2: Welche Chancen, welche Nachteile birgt die Stadt für den Aufbau einer neuen sozialen Identität? Reicht Biberkopfs Vorsatz, in Zukunft anständig zu sein, aus, um in der Stadt bestehen zu können? zu 2) Von welchen konkreten Erfahrungen der Stadt ging der Autor bei Abfassung seines Romans aus? Mögliche Ergänzungen zum Ref.: Film über Berlin (vgl. die Angaben von Schwimmer, S. 166; Lit.verz.) zu 3) Fragen zur Erschließung der Texte: Wie nimmt der Autor die Stadt wahr? Wie deutet er sie? Mit welchen Mitteln baut der Autor die Stadt episch/sprachlich auf? Wie unterscheiden sich seine Deutungen von den Darstellungen der Stadt, die Sie bislang kennengelernt haben (vgl. den Romanbeginn (8-11) und die Darstellung des Alexanderplatzes (105-106))? zu 4) In welchem Verhältnis zur Biberkopf-Geschichte stehen die von Döblin entwickelten Stadtbilder?
Hausaufgaben	Lektüre des 3., 4. und des Beginns des 5. Buches (S. 91-148: „[...] aber die machen das egalweg."); Komplettierung der Inhaltsübersicht. Notieren Sie die Textbelege, die um das Thema der Gewalt zentriert sind.

9./10. Stunde *(im GK nur eine Stunde)*

Gegenstand	Die Stadt als Megamaschine und Ort der Gewalt
Didaktische Aspekte	Einsicht in symbolische Verweisungszusammenhänge: die Dampframme und der Schlachthof
Unterrichtsverlauf	1. SV und UG: Besprechung der HA: Thematisierung des Lektüreprozesses; Rekonstruktion des Handlungsverlaufes bis zum Ende des 4. Buches (Lesetagebuch) 2. Untersuchung exemplarischer Romansymbole a) SV und UG: Die symbolische Bedeutung der Dampframme – Analyse der Textstellen: S. 144/148 b) GA: Die symbolische Bedeutung der Schlachthofszenen: Analyse des vierten und sechsten Kapitels des 4. Buches 3. Zusammenfassende Betrachtung: die Überlagerung der Geschichte durch Symbolik
Methodische Hilfen	zu 1) Belege zur Gewaltthematik: z. B. Vorrede des 3. Buches (91); Lüders bedroht die Witwe (94/95); Meck verprügelt Lüders (101); Biberkopf vertreibt Lüders (102); Baustelle am Alexanderplatz (105); Schlachthofszenen (117-124; 127-129); Arbeit der Dampframme (144-148) zu 2a) Impuls: Erstellen Sie eine Zeichnung, die die Arbeit der Dampframme veranschaulicht. Leitfragen der Untersuchung: Wie arbeitet die Maschine? Wie wird die Arbeit der Maschine von den Menschen wahrgenommen? Welche sprachlichen Mittel verwendet der Autor, um die Arbeit der Maschine sinnfällig zu machen? Welches Bild der Stadt vermittelt die Arbeit der Dampframme? Welche Bedeutung hat sie für die Interpretation der Geschichte Biberkopfs? zu 2b) Arbeitsaufträge: Kennzeichnen und erläutern Sie die unterschiedlichen Sprach- und Stilformen, die der Autor verwendet, um die Szenerie des Schlachthofes zu vergegenwärtigen. In welcher Weise steuert er durch die epische Gestaltung der Szenen die Rezeptionshaltungen des Lesers? Weshalb hat der Autor die beiden Schlachthofszenen in seinen Roman montiert? Zeigen Sie mögliche Zusammenhänge zwischen der Biberkopf-Geschichte, der epischen Darstellung der Stadt und den Schlachthofszenen auf. Welche Rückschlüsse ergeben sich aus den Schlachthofszenen für die Anthropologie des Autors? Alternative: Stellen Sie sich vor, Sie sollten die beiden Schlachthofszenen verfilmen. Skizzieren Sie Vorschläge für die filmische Bearbeitung der Texte. Vergleichen Sie Ihre Vorschläge mit den jeweilgen Drehbuch- und Filmausschnitten aus Fassbinders Werk (Vgl. Fassbinder/Baer, Arbeitsjournal, s. S. 119/120; S. 121/122).

| *Hausaufgaben* | Lektüre 5., 6. und 7. Buch; Komplettierung der Inhaltsübersicht. Kennzeichnen Sie die Textpassagen, die Franz und Reinhold als Figuren charakterisieren. |

11./12. Stunde (im GK nur eine Stunde)

Gegenstand	Zum Leben und Werk Döblins
Didaktischer Aspekt	Der biographische und poetologische Kontext des Romans
Unterrichtsverlauf	1. Ref. über das Leben und Werk des Autors 2. UG: Nachbetrachtung zum Referat. Weiterer Impuls („Mein Buch ›Berlin Alexanderplatz‹", Teil 1: „Der Lesezirkel [...] das Buch eine Probe." (412-413)) 3. Der poetologische Hintergrund a) SV: Gemeinsame Lesung des Textauszuges aus dem „Berliner Programm" (vgl. Mat. 4) b) PA: Analyse des Textauszuges c) SV und UG: Auswertung der Textarbeit: Darstellung und Erläuterung der Thesen Döblins (Kritik am Psychologismus herkömmlicher Romanliteratur, Forderung nach dem „steinernen Stil" und nach „Tatsachenphantasie") 4. UG: Das Verhältnis von Poetologie und Roman
Methodische Hilfen	zu 1) Benutzung der Zeittafel „Leben und Werk" (Kopie) zu 2) Leitfrage: Welche Aspekte der Biographie sind für die Deutung des BA wichtig? zu 3 c) TA: „Berliner Programm"

Kritik	*Forderungen*
Beschäftigung mit Problemen ihrer „inneren Unzulänglichkeit"; „psychologische Manier"; Rationalismus als „Tod der Kunst"; Analyse von Gedankengängen der Akteure; dürftige Handlungen; Geschwafel „eines doktrinären gelangweilten Autors"; Ablehnung der naiven Psychologie, Gefährlichkeit der Bilder, des Manierismus'	Erschließung der Welt „mittels neuer, strenger, kaltblütiger Methoden"; Lernen von der Psychiatrie; Notierung von Abläufen und Bewegungen; Achselzucken für das „Wie" und „Warum"; Mitarbeit des Lesers; Kinostil; Montage; Exaktheit; Nebeneinander des Komplexen; „Entselbstung, Entäußerung des Autors, Depersonation"; „Tatsachenphantasie"; Wiedergeburt des Romans als „modernes Epos"

	zu 4) Leitfragen: Welche Zusammenhänge erkennen Sie zwischen dem „Berliner Programm" und dem BA? Welche Textpassagen im BA belegen die programmatischen Forderungen Döblins? Welche Momente und Züge im BA widersprechen ihnen?
Hausaufgaben	Lektüre 5., 6. und 7. Buch; Komplettierung der Inhaltsübersicht. Kennzeichnen Sie die Textpassagen, die Franz und Reinhold als Figuren charakterisieren.

13./14. Stunde (im GK nur eine Stunde)

Gegenstand	Biberkopfs Auseinandersetzung mit der Gegenwelt
Didaktische Aspekte	Einsicht in die poetische Gestaltung der zentralen Figuren des Romans: Franz und Reinhold
Unterrichtsverlauf	1. SV: Besprechung der HA; Thematisierung des Lektüreprozesses; Rekonstruktion des Handlungsverlaufes bis zum Ende des 7. Buches (Lesetagebuch); Zusammenstellung der Textpassagen, die Reinhold und Franz (S. 156-167; 185-189) charakterisieren 2. PA (arbeitsteilig): Untersuchung der Textpassagen, die Reinhold als Charaktertypus exponieren und charakterisieren 3. UG: Gegenüberstellung der Charaktertypen Franz und Reinhold in Form einer Matrix (TA) 4. UG: Erläuterung der Beziehungen zwischen Franz und Reinhold (z. B. S. 262-269)
Methodische Hilfen	zu 2) Leitfragen: Welches Aussehen hat Reinhold? Welche Informationen erhält der Leser über seine Vorgeschichte? Welche Eigenschaften zeigt er in seinem Denken und Verhalten? zu 3) Tafelbild

Franz	*Reinhold*
gesund	ungesund
groß, korpulent	klein, hager
gutmütig, naiv	bösartig, hinterlistig
redselig, prahlerisch	schweigsam
affektbestimmt	kalkuliert
willensschwach	zielgerichtet
entgegenkommend	rücksichtslos

Hausaufgaben	Lektüre 8. Buch; Komplettierung der Inhaltsübersicht

15.-18. Stunde (im GK nur zwei Stunden)

Gegenstand	Erzählen aus mythischer Erinnerung
Didaktische Aspekte	Einsicht in die Bedeutung und Funktion von Bibelzitaten und Bibelparaphrasen für die epische Gestaltung des Romans
Unterrichtsverlauf	1. SV: Zusammenstellung der wichtigsten Bibelzitate/-paraphrasen zu einem Textkorpus LV: Ergänzungen der Belege 2. SV: Kurzreferate zum Buch Hiob und zur Johannes-Apokalypse (Inhalt, Aufbau, Sprache, Hauptprobleme, „Hure Babylon") 3. GA (arbeitsteilig): Untersuchung der Döblinschen Bibelzitate/-paraphrasen und vergleichende Betrachtung mit den biblischen Vorlagen a) Paradieserzählungen (S. 37; 69; 95; 116) b) Hiobrezeption (S. 124-127; 341-342) c) Apokalyptische Motive – „Hure Babylon" (S. 14; 187; 211; 226; 347; 400) 4. Auswertung der Gruppenarbeit – Bedeutung und Funktion der Bibelrezeption für die poetische Konzeption des BA
Methodische Hilfen	zu 1) Benutzung der Inhaltsübersicht zu 3) Untersuchen Sie die Verwendung der Bibelzitate/-paraphrasen an den angegebenen Stellen. Berücksichtigen Sie dabei den jeweiligen Handlungskontext. Leitfragen: Wie hat Döblin den ursprünglichen Text verarbeitet? Was hat er übernommen, was weggelassen bzw. verändert? Warum? Welche Beziehungen bestehen zwischen den Bibelzitaten/-paraphrasen und der Geschichte Biberkopfs?
Hausaufgaben	Lektüre des 9. Buches; Komplettierung der Inhaltsübersicht. Kennzeichnen Sie insbesondere die Textpassagen, die Ihnen unverständlich sind.

19./20. Stunde (im GK nur eine Stunde)

Gegenstand	Der Aufbau des Romans
Didaktische Aspekte	Die Phasenstruktur der Bücher – das dialektische Verhältnis von Geschichte und Montage
Unterrichtsverlauf	1. SV: Besprechung der HA; Rekonstruktion der gesamten Fabel des Textes mit Hilfe der Inhaltsmatrix (Lesetagebuch) 2. UG: Die symmetrische Anordnung der Bücher: Rahmenbildung, Dreierprinzip 3. PA: Die strukturierende Funktion der Vorreden und Kapitelüberschriften 4. UG: Leitmotive: Die „fallenden Dächer", die „Wacht am Rhein", das Motiv vom „Schnitter Tod"

	5. Das Verhältnis von Geschichte und montierten Motiven/Bildern (Linie und Fläche)
Methodische Hilfen	zu 2) Leitfragen: Nach welchen Prinzipien ist die Abfolge der Bücher organisiert? Wie lassen sich die Bücher gruppieren? Welche Bücher lassen sich einander zuordnen? Welchen Stellenwert hat das 9. Buch? Veranschaulichung der Struktur durch TA (Schaubild III) zu 3) Arbeitsaufträge: Charakterisieren Sie die Rolle des Erzählers in den einzelnen Büchervorreden. In welcher Weise sind seine Äußerungen strukturbildend für den Handlungsverlauf im Roman? Untersuchen Sie in exemplarischer Weise Bedeutung und Funktion einzelner Kapitelüberschriften. In welcher Weise steuern und beeinflussen sie die Rezeption des Textes? zu 4) Leitfragen: Welche thematischen Züge, Motive, Episoden und Bilder tauchen im Roman immer wieder auf? Wie bestimmen sie die Biberkopf-Fabel, auf welche Weise prägen sie die epische Gestaltung des Textes? Verwendung der Inhaltsübersicht zu 5) Veranschaulichung des Verhältnisses durch TA (Schaubild IV)

21./22. Stunde (LK)

Gegenstand	Die Rolle des „Todes"
Didaktische Aspekte	Einsicht in die allegorisierende Enthüllungsdramaturgie des Romans
Unterrichtsverlauf	1. SV: Besprechung der HA; Thematisierung der Rezeptionsschwierigkeiten (Lesetagebuch) 2. UG: Differenzierung zwischen den realen und irrealen Ebenen des 9. Buches; der allegorische Verweisungszusammenhang des Romans, z. B. die Stimme des Todes als Kontrapunkt zur Biberkopf-Geschichte; Einbeziehung der Textbelege. S. 143; 342 3. GA: Die Rolle und Funktion des „Todes" innerhalb des 9. Buches – Interpretation des Kapitels „Der Tod singt sein langsames, langsames Lied" (S. 387-392) 4. LV: Die Naturphilosophie Döblins – Dialektik von Leben und Tod 5. UG: Resümierende Deutung: Schuld, Erkenntnis („Sehend werden") und Wandlung Biberkopfs
Methodische Hilfen	zu 2) Leitfragen: Welche Informationen erhält der Leser über den realen Handlungszusammenhang des 9. Buches? Wie verhält sich Biberkopf, was geschieht mit ihm in der Irrenanstalt? Welche Gestalten, Vorgänge und Ereignisse konstituieren die irreale Bedeutungsebene des Buches?

	In welchem Verhältnis stehen beide Ebenen zueinander? Läßt sich das allegorisierende Deutungsspiel aus dem realen Handlungskontext erklären? zu 3) Wie setzt Döblin den Auftritt des „Todes" in Szene? Wie sieht und deutet der „Tod" das Leben des „Helden"? Welche Lehre erteilt er ihm? zu 4) Rekurs auf den zweiten Teil des Textes: A. Döblin: Mein Buch „Berlin Alexanderplatz" (Mat. 4) („Ich habe weiter eine philosophische Linie [...] erledigt diese Gedankenposition."); weitere Ergänzungen im Kapitel 9.2. zu 5) Rekurs auf das Schaubild IV
Hausaufgaben	Vergleichen Sie den Romanbeginn mit dem Kapitel „Lieb Vaterland, magst ruhig sein, ich hab die Augen auf und fall nicht rein" (S. 403-407). Zeigen Sie auf, wie sich Biberkopf in seinem Denken und Verhalten geändert hat.

23./24. Stunde (LK)

Gegenstand	Das Romanende
Didaktische Aspekte	Aspekte der Gesamtinterpretation des Romans, dargestellt an der Problematik des offenen Schlußkapitels
Unterrichtsverlauf	1. Besprechung der HA 2. PA (arbeitsteilig): Analyse des Romanschlusses a) Zusammenstellung der Themen und Motive, die den Roman prägen und in verdichteter Form im letzten Kapitel auftauchen: Weg, Licht, Erkenntnis, Krieg, Gewalt, Schicksal, marschierende Kolonnen, Trommlerlied b) Sprachlich – poetische Realisierung des Romanendes: das Verschwinden des Erzählers, Montagetechnik, innerer Monolog 3. Interpretation des Romanschlusses a) LV: Döblins Schwierigkeiten, den Roman abzuschließen (vgl. auch Mat. 3) b) UG: Möglichkeiten eines politischen Verständnisses des Romanendes; alternativ: Herstellung weiterer Schlußvarianten 4. Schlußbetrachtung – Aspekte der Gesamtinterpretation – wirkungsgeschichtliche Überlegungen
Methodische Hilfen	zu 1) Möglicherweise Herausarbeitung der Gemeinsamkeiten und Unterschiede der Textstellen durch eine TA, die die Wandlung des „alten" Biberkopf zum „neuen" anhand seines veränderten Denkens und Verhaltens deutlich macht. zu 2a) Auf welche Romanthemen/-motive greift Döblin in seinem Schlußkapitel zurück? Welche Bedeutung und Funktion besitzen sie an dieser Stelle?

zu 2b) Welche Sprach- und Stilformen verwendet Döblin im Schlußkapitel? Welche Rolle spielt der Erzähler am Ende des Romans?
zu 3a) Zitat aus dem Brief Döblins an den Germanisten J. Petersen in Kapitel 10 der Interpretation;
zu 3b) In welcher Weise reflektiert das Schlußkapitel die gesellschaftspolitischen Verhältnisse der Weimarer Republik am Ende der zwanziger Jahre? Wie beurteilen Sie eine politische Interpretation der Wandlung Biberkopfs? Läßt sich diese vom Romanverlauf her belegen?
Produktionsorientierte Alternativen: 1. Skizzieren Sie weitere Möglichkeiten, den Roman abzuschließen. 2. Literarisches Planspiel: Welches Denken und Verhalten zeigt Biberkopf im Jahre 1933?
zu 4) Wie beurteilen Sie den Roman (Handlungsverlauf, Figurengestaltung, Problembehandlung, poetische Realisierung)? Welche Aspekte des Werkes sind für den gegenwärtigen Leser wichtig?

4
Schaubilder

Schaubild I: Die Struktur des Prologs

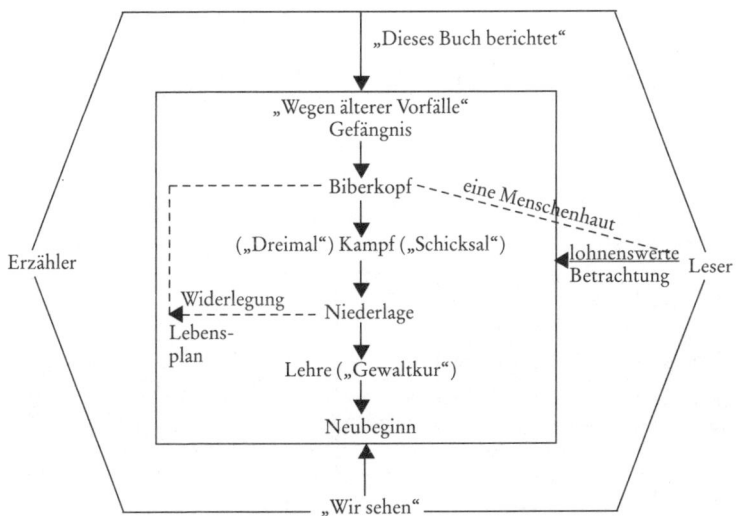

Schaubild II: Inhaltsübersicht: „Berlin Alexanderplatz"

Buch	Berlin	Geschichte Biberkopfs	Texte/Themen/Paraphrasen
1	Tegel	Entlassung aus dem Gefängnis; Begegnung mit einem Juden; in der Wohnung des Rabbis; Kinobesuch; bei Prostituierten; Besuch bei Minna; erneuter Besuch bei den Juden	Geschichte von Stefan Zannowich; biologische Erläuterungen zur sexuellen Potenz
2	Piktogramme der Stadt; Rosenthaler Platz		Paradies-Geschichte; Humperdinck-Zitat
3	?	...?	...?
4	..	..	..
5	..	..	..
6	..	..	..

Schaubild III: Die Geschichte Biberkopfs in der Abfolge der Bücher

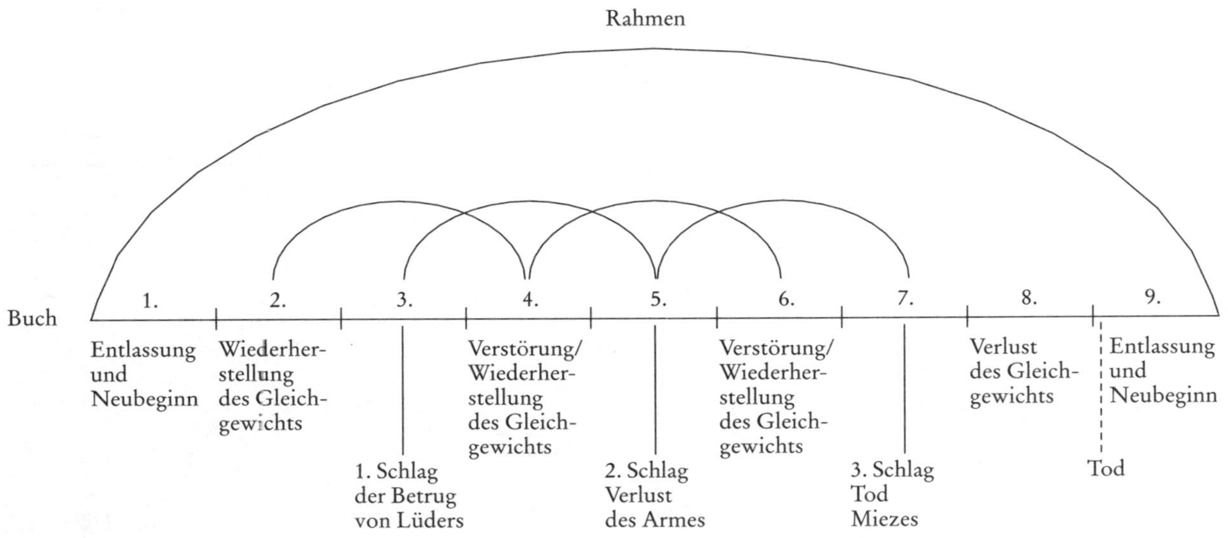

Rahmen

Buch	1.	2.	3.	4.	5.	6.	7.	8.	9.
	Entlassung und Neubeginn	Wiederherstellung des Gleichgewichts	1. Schlag der Betrug von Lüders	Verstörung/Wiederherstellung des Gleichgewichts	2. Schlag Verlust des Armes	Verstörung/Wiederherstellung des Gleichgewichts	3. Schlag Tod Miezes	Verlust des Gleichgewichts	Entlassung und Neubeginn / Tod

137

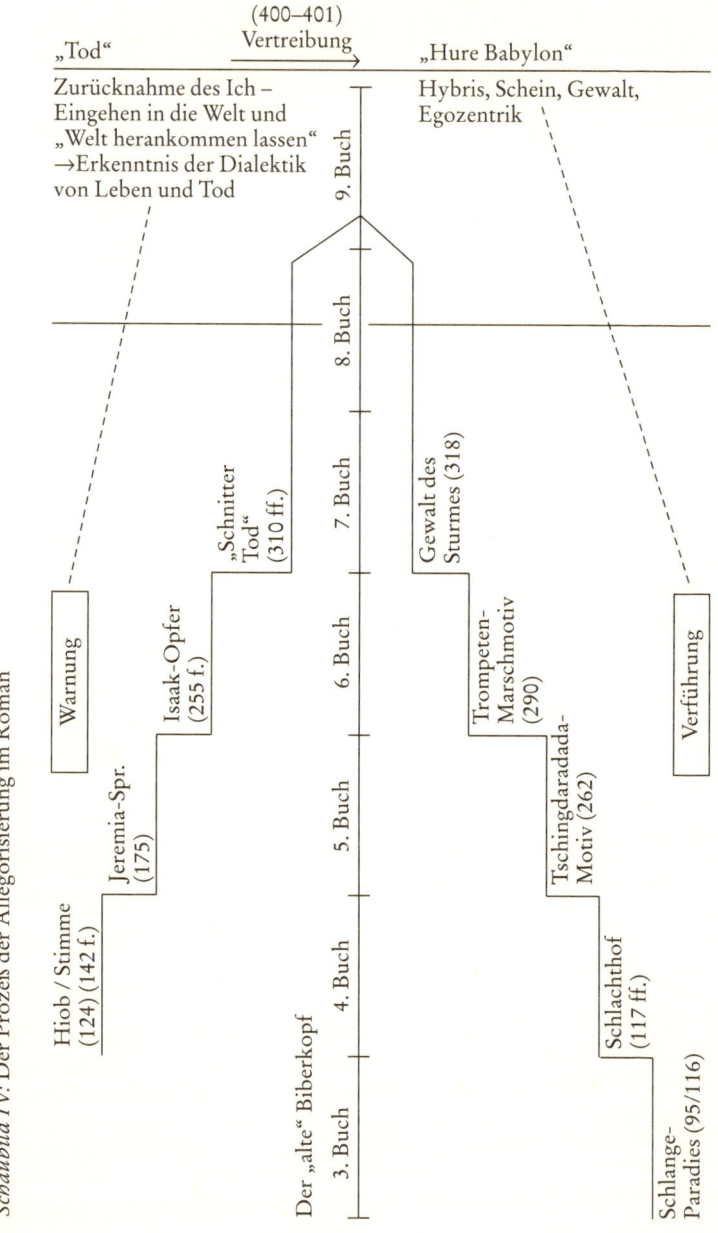

Schaubild IV: Der Prozeß der Allegorisierung im Roman

138

5
Klausurvorschläge

Für den Gk:
1. Analysieren Sie den von Döblin nicht verwendeten Entwurf zur Vorrede (Mat. 2), und vergleichen Sie ihn mit dem Romanprolog.
2. Analysieren Sie das 2. Kapitel des 4. Buches „Biberkopf in Narkose, Franz verkriecht sich, Franz will nichts sehen". (S. 110–112). Untersuchen Sie insbesondere Bedeutung und Funktion der hier von Döblin verwendeten sprachlichen, stilistischen und epischen Gestaltungselemente.
3. Interpretieren Sie die zweite Schlachthofszene „Und haben alle einerlei Odem [...]" (S. 127–129). Zeigen Sie Bedeutung und Funktion des Textes innerhalb des Romanzusammenhanges auf.
4. Interpretieren Sie den folgenden Romanausschnitt „Und nun schwört Franz aller Welt und sich [...] um einmal allen zu zeigen, was ein Kerl ist." (S. 34–36). Ordnen Sie den Text in den Romankontext ein.
5. Untersuchen Sie die Beziehung zwischen Biberkopf und Reinhold.
6. Interpretieren Sie das Schlußkapitel des Romans. Legen Sie dar, wie Biberkopf sich entwickelt hat, und machen Sie deutlich, wie Döblin die Wandlung seines „Helden" sprachlich-poetisch realisiert.

Für den LK:
1. Untersuchen Sie die Vorreden zu den einzelnen Büchern des Romans. Kennzeichnen und erläutern Sie die Rolle des Erzählers, und zeigen Sie auf, welche Haltungen er in ihnen zum „Helden" und zum Leser des Romans einnimmt.
Machen Sie deutlich, mit welchen Motiven und sprachlichen/poetischen Gestaltungselementen er in den Vorreden arbeitet.
2. Analysieren Sie den Text „Alfred Döblin: *Alexanderplatz*" (Mat. 1). Zeigen Sie auf, welche thematischen Aspekte und Sprach-/Stilformen dieses Textes Döblin in seinem Roman verwendet.
3. Interpretieren Sie den Romanausschnitt „Sieg auf der ganzen Linie [...] ‚Adjes, Minna.'" (S. 29–32). Ordnen Sie ihn in den Romanzusammenhang ein.
4. Vergleichen Sie das Romanende „Wir sind am Ende dieser Geschichte [...] *der andere liegt stumm, widebum, widebum.*" (S. 409–411) mit der ursprünglichen Schlußvariante (Mat. 3).
- Welche unterschiedlichen Deutungsakzente setzt der Autor mit den jeweiligen Schlußversionen?
- Legen Sie dar, weshalb Döblin die ursprüngliche Schlußversion möglicherweise fallengelassen hat.

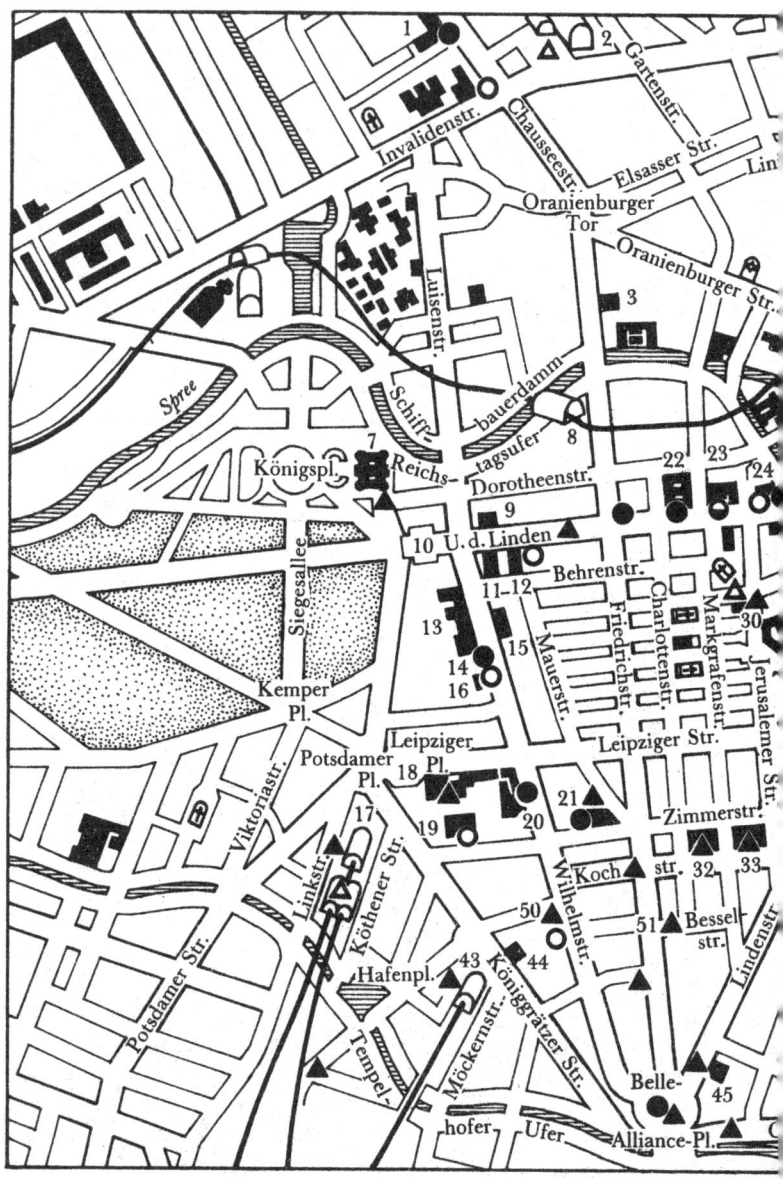

Stadtplan von Berlin 1920

5. Charakterisieren Sie beispielhaft eine der Frauengestalten des Romans (z. B. Mieze, Minna oder Eva).
Versuchen Sie dabei, auf folgende Fragen näher einzugehen:
Welche Beziehung hat der „Held" zu den Frauen? Welche Bedeutung haben sie für ihn?
Wie sieht der Autor die jeweiligen Frauengestalten? Läßt sich ein bestimmtes Frauenbild aus dem Roman herausarbeiten?

6. Arbeiten Sie zentrale Thesen aus Döblins Essay „Der Bau des epischen Werks" (vgl. Mat. 6) heraus.
Legen Sie dar, in welcher Weise Döblin seine poetologischen Ansichten im BA reflektiert und poetisch verarbeitet hat.

7. Stellen Sie sich vor, Sie sollten einer bestimmten Bezugsgruppe in der Schule (z. B. einem Leistungskurs in der 12. Jahrgangsstufe) Döblins Roman in einem kleinen Essay vorstellen. Schreiben Sie den Essay, und erörtern Sie in ihm, ob es sich empfiehlt, Döblins Roman im Unterricht zu behandeln.

8. „Das Opfer war das Thema des *Alexanderplatz*. Die Bilder vom Schlachthof, von der Opferung Isaaks, das durchlaufende Zitat: ‚Es ist ein Schnitter, der heißt Tod' hätten aufmerksam machen sollen. Der *gute* Franz Biberkopf mit seinen Ansprüchen an das Leben läßt sich bis zu seinem Tod nicht brechen. Aber er sollte gebrochen werden, er mußte sich aufgeben, nicht bloß äußerlich. Ich wußte freilich selbst nicht wie. Die Tatsachen springen den Menschen an, aber bloße Starre rettet nicht."
Diese Notiz Döblins aus dem Jahre 1948 stellt eine Selbstinterpretation des BA dar. Versuchen Sie am Text zu belegen und zu erläutern, wie diese Bemerkung des Verfassers zu verstehen ist. Nehmen Sie begründet Stellung zu seinem Deutungsversuch.

6
Materialien

t.1. ALFRED DÖBLIN: *„Alexanderplatz"*
Kraftomnibus-Haltestelle! Numero zwo. Alexanderplatz – Königstraße – Schloßplatz – Unter den Linden – Brandenburger Tor – Friedrich-Ebert-Straße – Lennéstraße – Viktoriastraße. Abstände 4 (6) Minuten, die mit einem Stern versehenen Linien haben Nachtverkehr. Alexanderplatz, teurer Alex, wie haben sie dir zugericht, so sehe ich dir wieder. Die Berolina haben sie dir geklaut, schön grün war's in der Mitte, jetzt gibt's nur Bauzäune und Löcher. Tietz steckt vier weiße Fahnen raus, das heißt Weihnachtsverkauf, oben brennt die Weltkugel, das Polizeipräsidum ist schmutzig rot; nun laß mich in die Tasche greifen, von diesem Platz muß fort ich streifen, mein Freund kannst du nicht länger sein. Fahrschein gefällig, zwanzig Pfennig. Zerrissene, zerknitterte oder in der Erkennbarkeit der Kontrollmerkmale beeinträchtigte Fahrscheine sind ungültig, Fahrschein nicht übertragbar. Gültig am Lösungstag. Auszug aus den Beförderungsbedingungen umseitig.
Wir gondeln los, wir wackeln los, wir zittern los. Das Ding hat einen Maybachmotor, ist groß wie ein Haus und läuft wie ein Aal. Möchten Sie unter so ein Ding liegen? Ich nicht geschenkt. „Nicht stehen bleiben, für Fußgänger verboten!" Wir fahren ja, laut Beförderungsbedingungen, gültig am Lösungstag. Bei Aschinger sitzen sie schon, ich setzt mich lieber bei Aschinger als hier „nicht stehen bleiben, für Fußgänger verboten!", wissen wir schon, da hält er zum ersten Male, Bahnhof Alexanderplatz. Wenn man rausguckt, wundert man sich, wie die Menschen über den Damm kommen. Wo die Menschen alle herkommen, links kommen sie vom Gericht oder Präsidium, rechts von der Markthalle, dann wollen welche zum Bahnhof, bleiben Sie doch hier, ist doch ganz schön in Berlin, ich fahre ruhig die Königstraße runter, was hat man vom Leben, in Werneuchen ist auch nichts los. – Da zieht das große Ding wieder an, an dieser Brücke, das sieht ein Blinder, bauen sie seit einem Jahrhundert, sie setzen neue Pfeiler ein, sobald sie drin sind, nehmen sie sie raus und probieren andere, so entwickelt sich Berlin. Wertheim, grüß Gott, preiswerte Weihnachtsgeschenke, Silvesterartikel, Neujahrskarten, Scherzartikel. Und jetzt halt mal die Luft an, das Theater muß man gesehen haben: dem Schuhsalamander haben sie das Haus über dem Kopf abgerissen, der Salamander geht nicht weg, oben ist nichts und unten ist ein Laden, und wenn die Erde wackelt, er verkauft weiter seine Stiebel. Schließlich muß man ja auch bei Erdbeben Stiefel tragen. Aber drüben gibt's ja noch Leiser, der hat auch Stiefel, o Gott, da kommt Dorndorf, der hat auch Stiefel, und jetzt Stiller: was ist hier nur los? Das ist ja zauberhaft, hier treffen sich offenbar alle Barfüßler des Ostens, da will ich doch lieber mal runter, aber das Ding, das Ding fährt weiter, Gumpert und Dobrin liegen hinter mir, die meisten Zeitungen und die schönste Konditorei, amerikanische Eisgetränke, Eiskremesoda, Milk-Frappees (heiß 20 Pfennig Zuschlag), Milk- u. Egg-Frappees (heiß 20 Pfennig Zuschlag. Haltestelle Rathaus. – Es ist das Rathaus Berlins, das steht hier und wacht über alle Dinge der Stadt und hinten steht das Stadthaus, das wacht auch über alle Dinge der Stadt und dann gibt's Bezirksämter, die wachen auch über alle Dinge der Stadt. Nur nachts gehen sie schlafen. Es steigen sechs Leute aus und drei steigen ein, wir aber fahren weiter nach Berlin hinein. Das Rathaus ist links, rechts wimmeln die Leute vor Geschäften. Die Stiebel, die die

hinten nicht losgeworden sind, verkloppt hier Mercedes; Spaeth hat oben Lose und unten die Sexualprobleme von Kaplan Fahsel, den großen Brockhaus in Monatsraten zu 6,50 Mark, auch behauptet er: Tiere sehn dich an, was ich aber noch nicht bemerkt habe, auf'm Autobus jedenfalls nicht. Ich werde mir bei Spaeth nachher das große Los in Monatsraten kaufen. Weiter, über die Spandauer Straße, die Ecken halten Grumach und N. Israel. Groß ist Israel! Er reicht von der Poststraße bis zur Simons-Apotheke! Gegenüber die Post mit dem Hifthorn, wie lieblich schallt. Der Autobus 12 überholt uns, er leuchtet blau durch Berlin: Hildebrandt-Kakao. Die Post, die Post, Geld müssen Sie um die Ecke einzahlen, Fernsprechstelle Ost, Betriebsstelle Berolina und Königsgraben. Störungen werden Zimmer 274, schreib mir mal, verwende die Glückspostkarte. Es geht vorwärts, der Maybachmotor arbeitet, Auszug aus den Beförderungsbedingungen umseitig, die Kurfürstenbrücke, der Marstall, der Schloßplatz. Ich werde aussteigen, ein anderer will einsteigen (edel sei der Mensch, hilfreich und gut).

(aus: Alfred Döblin, Dichterstaffette auf dem Autobus. In: Berliner Tageblatt v. 1. 1. 1929.)

Mat. 2. ALFRED DÖBLIN: Vorrede (nicht verwendeter Entwurf)
In dem Buch, das Ihr jetzt zur Hand nehmt, führe ich Euch in eine Stadt, die Ihr kennt, nach Berlin, und in eine Gegend Berlins, die einigen von Euch gut vertraut ist, zum Alex, dem Alexanderplatz.
Der Platz ist nicht mehr derselbe, der er voriges Jahr, 1927, war, man liest von großen großartigen Umwandlungen, die man mit ihm vorhat, ich kann mich noch auf die Kolonnaden besinnen, die die Gontardstraße abschlossen, auf die Schneiderakademie am Alex. Jetzt ist sogar schon die Berolina verschwunden, das gewaltige Möbel aus Bronze, das da mächtig auf dem Platz vor Tietz stand und die Hand ausstreckte. Man hat radikal die Ecke von der Landsbergerstraße abgerissen, die Architekten, Hoch- und Tiefbauer haben sich hingesetzt und einen graden Strich von der Frankfurter Straße quer durch den Häuserblock nach dem Alex herübergezogen, das wird ein kolossaler Durchbruch und man kann ihn schon sehen, oben hämmern die Menschen und unten machen sie Platz für die Untergrundbahn.
Die Untergrundbahn beherrscht die Situation am Alex um 1928 und 1929. Sie hat den ganzen Boden vom Alex unterwühlt, das sieht greulich großartig aus, stockwerktief kann man runtergucken, da hangen die Leute an den Eisenträgern und nieten und fahren mit Wagen, und wenn Frühstückspause ist, dann kommen sie totsicher raus und frühstücken. Oben marschieren wir auf Holzbohlen, zwischen allerhand Bretterzäunen, über Treppen müssen wir rauf und runter zum Bahnhof und zur Königstraße.
Auf diesen verwüsteten verwilderten höchst lebendigen und mobilen Alex und um ihn herum gehen wir jetzt. Da ist der renovierte Stadtbahnhof, da Tietz, und da das finstere schmutzig rote Polizeipräsidium und droht herunter, – ich werde Euch öfter in dieses unheimliche Haus führen, das voller Akten, Register, Büros und Beamter, Behörden und Kriminalpolizisten ist und in dem auch dicht an der Straße ein Gefängnis ist, der panoptische Bau, in den schon viele viele von dem Platz herüber gekommen sind und dann gings mit ihnen weiter nach Moabit und Brandenburg, dann in die Sonne, nach Sonnenburg, oder Tegel, oder Plötzensee, wer

weiß auf wie lange. Das ist das Leben, was man so Leben nennt. Und dann giebt es viele Straßen ringsherum.

(Aus dem Marbacher Manuskript. In: Materialien zu Alfred Döblins Berlin Alexanderplatz. Frankfurt/M. 1975. S. 23 f.)

at. 3. ALFRED DÖBLIN: *Ursprüngliche Schlußversion*
Karl Biberkopf aber, um nun zu enden, werdet Ihr jetzt mit einem Arm bloß, aber mit viel helleren schärferen Augen als früher in derselben Gegend um den Alex herum traben sehen. Er hat sich richtig, wie ihm vor langer Zeit mal seine vorübergehende Wirtin prophezeit hat, einen Zeitungskeller genommen. Eva hat das Geld vorgeschossen, und Karl steht am Kellereingang, liest alle Zeitungen selber wie frisch vom Faß. Morgens, mittags und abends. Er steht da genau so – bis auf den Arm – wie er auch vor 1 Jahr hätte stehen können, aber ein Gesicht dreht sich ihm langsam zu.
Was ist das für ein Gesicht?
Das Du, das große Du. Herankommenlassen, herankommenlassen, es kommt langsam näher an ihn heran.
Er steht am Kellereingang und mancherlei Menschen kommen zu ihm und sprechen mit ihm. Er ist jetzt nicht mehr so derb und forsch wie früher, obwohl er lachen kann wie früher, na Biberkopf soll nicht lachen können und die neusten Schlager könnt Ihr nur von ihm hören, – aber er hat eine zögernde Art bekommen. Er ist ein Herumhorcher, ein Herumlungerer, ein Wenigsprecher geworden, und dann liest er und denkt nach und sucht.

(Aus dem Marbacher Manuskript. In: Materialien zu Alfred Döblins Berlin Alexanderplatz. Frankfurt/M. 1975. S. 40.)

at. 5. ALFRED DÖBLIN: *An Romanautoren und ihre Kritiker*
Berliner Programm
Der Künstler arbeitet in seiner verschlossenen Zelle. Sein Persönliches ist zwei Drittel Selbsttäuschung und Blague. Die Tür zur Diskussion steht offen.
Gewisses ist unverrückbar in der Zeit; Homer läßt sich noch genießen: Kunst konserviert; aber die Arbeitsmethode ändert sich, wie die Oberfläche der Erde, in den Jahrhunderten; der Künstler kann nicht mehr zu Cervantes fliehen, ohne von den Motten gefressen zu werden. Die Welt ist in die Tiefe und Breite gewachsen; der alte Pegasus, von der Technik überflügelt, hat sich verblüffen lassen und in einen störrischen Esel verwandelt. Ich behaupte, jeder gute Spekulant, Bankier, Soldat ist ein besserer Dichter als die Mehrzahl heutiger Autoren.
Die Prosaautoren, am ehesten zum Mitgehen-Mitwagen verpflichtet, erschließen die Welt nicht mittels neuer, strangerer, kaltblütiger Methoden, sondern kauen unentwegt an „Stoffen" und Problemen ihrer inneren Unzulänglichkeit. Man soll seine vermeintlichen inneren Notwendigkeiten zügeln und die Zügel der Kunst in die Hand geben. Dichten ist nicht Nägelkauen und Zahnstochern, sondern eine öffentliche Angelegenheit.
Ein Grundgebrechen des gegenwärtigen ernsten Prosaikers ist seine psychologische Manier. Man muß erkennen, daß die Romanpsychologie, wie die meiste täglich geübte, reine abstrakte Phantasmagorie ist. Die Analysen, Differenzierungsversu-

che haben mit dem Ablauf einer wirklichen Psyche nichts zu tun; man kommt damit an keine Wurzel. Das „Motiv" der Akteure ist im Roman so sehr ein Irrtum wie im Leben; es ist eine poetische Glosse. Psychologie ist ein dilettantisches Vermuten, scholastisches Gerede, spintisierender Bombast, verfehlte, verheuchelte Lyrik. Immer war der Rationalismus der Tod der Kunst; der zudringlichste, meist gehätschelte Rationalismus heißt jetzt Psychologie. Viele als „fein" verschrieene Romane, Novellen – vom Drama gilt dasselbe – bestehen fast nur aus Analyse von Gedankengängen der Akteure; es entstehen Konflikte innerhalb dieser Gedankenreihen, es kommt zu dürftigen oder hingepatzten „Handlungen". Solche Gedankengänge gibt es vielleicht, aber nicht so isoliert; sie besagen an sich nichts, sie sind nicht darstellbar, ein amputierter Arm; Atem ohne den Menschen, der atmet; Blicke ohne Augen. Die wirklichen Motive kommen ganz anderswoher; dieses da, der lebendigen Totalität ermangelnd, ist Schaumschlägerei, ästhetisches Gequirle, Geschwafel eines doktrinären, gelangweilten Autors, dem nichts einfällt, zu Gebildeten, die sich belehren lassen wollen.

Man lerne von der Psychiatrie, der einzigen Wissenschaft, die sich mit dem seelischen ganzen Menschen befaßt: sie hat das Naive der Psychologie längst erkannt, beschränkt sich auf die Notierung der Abläufe, Bewegungen, – mit einem Kopfschütteln, Achselzucken für das Weitere und das „Warum" und „Wie". [...] Damit ist der Weg aus der psychologischen Prosa gewiesen. Entweder offenes, nicht mehr verschämtes Lyrisma mit seiner Unmittelbarkeit; Sichergehen in Gehobenheiten und Niederungen; Ichreden, wobei das naive Räsonnement zulässig ist. Ich zweifle freilich, ob man diese Form Roman, Novelle nennen kann. Oder die eigentliche Romanprosa mit dem Prinzip: der Gegenstand des Romans ist die entseelte Realität. Der Leser in voller Unabhängigkeit einem gestalteten, gewordenen Ablauf gegenübergestellt; er mag urteilen, nicht der Autor. Die Fassade des Romans kann nicht anders sein als aus Stein oder Stahl, elektrisch blitzend oder finster; sie schweigt. Die Dichtung schwingt im Ablauf wie die Musik zwischen geformten Tönen.

Die Darstellung erfordert bei der ungeheuren Menge des Geformten einen Kinostil. In höchster Gedrängtheit und Präzision hat „die Fülle der Gesichte" vorbeizuziehen. Der Sprache das Äußerste der Plastik und Lebendigkeit abzuringen. Der Erzählerschlendrian hat im Roman keinen Platz; man erzählt nicht, sondern baut. Der Erzähler hat eine bäurische Vertraulichkeit. Knappheit, Sparsamkeit der Worte ist nötig; frische Wendungen. Von Perioden, die das Nebeneinander des Komplexen wie das Hintereinander rasch zusammenzufassen erlauben, ist umfänglicher Gebrauch zu machen. Rapide Abläufe, Durcheinander in bloßen Stichworten; wie überhaupt an allen Stellen die höchste Exaktheit in suggestiven Wendungen zu erreichen gesucht werden muß. Das Ganze darf nicht erscheinen wie gesprochen, sondern wie vorhanden. Die Wortkunst muß sich negativ zeigen in dem, was sie vermeidet, ein fehlender Schmuck: im Fehlen der Absicht, im Fehlen des bloß sprachlich Schönen oder Schwunghaften, im Fernhalten der Manieriertheit. Bilder sind gefährlich und nur gelegentlich anzuwenden; man muß sich an die Einzigartigkeit jedes Vorgangs heranspüren, die Physiognomie und das besondere Wachstum eines Ereignisses begreifen und scharf und sachlich geben; Bilder sind bequem.

Die Hegemonie des Autors ist zu brechen; nicht weit genug kann der Fanatismus der Selbstverleugnung getrieben werden. Oder der Fanatismus der Entäußerung: ich bin nicht ich, sondern die Straße, die Laternen, dies und dies Ereignis, weiter nichts. Das ist es, was ich den steinernen Stil nenne. [...] Der Naturalismus ist kein historischer Ismus, sondern das Sturzbad, das immer wieder über die Kunst hereinbricht und hereinbrechen muß. Der Psychologismus, der Erotismus muß fortgeschwemmt werden; Entselbstung, Entäußerung des Autors, Depersonation. Die Erde muß wieder dampfen. Los vom Menschen! Mut zur kinetischen Phantasie und zum Erkennen der unglaublichen realen Konturen! Tatsachenphantasie! Der Roman muß seine Wiedergeburt erleben als Kunstwerk und modernes Epos.

(aus: Alfred Döblin, Aufsätze zur Literatur. Ausgewählte Werke in Einzelbänden. Olten und Freiburg im Breisgau 1963. S. 15–19.)

at. 6. ALFRED DÖBLIN: *Der Bau des epischen Werks.*
Das epische Werk berichtet von einer Überrealität
Ich beginne mit der Frage: Ist der Bericht die Grundform des Epischen, oder was ist eigentlich das entscheidende Merkmal des Epischen? [...] Was nun irgendeinen erfundenen Vorgang, der die Form des Berichtes trägt, aus dem Bereich des bloß Ausgedachten und Hingeschriebenen in eine wahre Sphäre, in die des spezifisch epischen Berichtes hebt, das ist *das Exemplarische des Vorgangs und der Figuren,* die geschildert werden und von denen in der Berichtform mitgeteilt wird. Es sind da starke Grundsituationen, Elementarsituationen des menschlichen Daseins, die herausgearbeitet werden, es sind Elementarhaltungen des Menschen, die in dieser Sphäre erscheinen und die, weil sie tausendfach zerlegt wirklich sind, auch so berichtet werden können. Ja, diese Gestalten, keine platonischen Ideen, dieser Odysseus, Don Quichote, der wandernde Dante und diese menschlichen Ursituationen stehen sogar an Ursprünglichkeit, Wahrheit und Zeugungskraft über den zerlegten Tageswahrheiten. Und es erheben sich so über der Wirklichkeit eine ganze Reihe von Gestalten, keine große Zahl, an denen immer wieder neu gedichtet werden kann.
Ich brauche nicht noch besonders zu sagen, daß die Erreichung dieser exemplarischen und einfachen Sphäre den epischen Künstler von dem Romanschriftsteller trennt, welche Romanschriftstellerei eine solid bürgerliche, nützliche gewerbliche Beschäftigung ist. Sie imitiert, ohne in die Realität einzudringen oder sie gar zu durchstoßen, einige Oberflächen der Realität. Der wirkliche Produktive aber muß zwei Schritte tun: er muß ganz nahe an die Realität heran, an ihre Sachlichkeit, ihr Blut, ihren Geruch, und dann hat er die Sache zu durchstoßen, das ist seine spezifische Arbeit. [...]
Das epische Werk lehnt die Wirklichkeit ab
Nachdem ich so einen Berechtigungsnachweis für die Form des Berichts im Epischen erbracht habe, verlasse ich diesen Punkt, und indem ich ihn verlassen will und mich noch einmal danach umsehe, bin ich überrascht, bleibe stehen und komme zu einem weiteren, dem ersten widersprechenden Resultat. Also ich lese ein paar Sätze des Don Quichote und sehe, was da gesagt wird, ist – bewußtermaßen – unwahr, und zwar für beide Seiten, für den Autor wie für den Leser! *Und trotzdem, nein grade darum, so ist es, wird die Berichtform gewählt!* Das Grade-darum sehe ich plötzlich. Der Autor wählt grade die Berichtform, die ja nur erlaubt ist im Bereich der sogenannten Fakta, er benutzt sie für seine notorische Nichtfakta, denn das ist nun etwas höchst Erregendes und Lustvolles, eine enorme Lustquote. Hier liegt eine charakteristische Umstellung der Kunst in einer materialistisch-wissenschaftli-

chen Zeit vor. Es ist der Tatbestand da, der herrliche, ungebundene, des freien Fabulierens. Was ist das Fabulieren, das freche fessellose Berichten von Nichtfakta, von notorischen Nichtfakta? Es ist das Spiel mit der Realität, mit Nietzsches Worten ein Überlegenheitsgelächter über die Fakta, ja über die Realität als solche. Darum das Wissen: es ist nicht wahr, und dieses: trotzdem brauche ich die Berichtform. Hier konkurriert einer mit dieser steinernen, festen und soliden Realität und zaubert darauf los und bläst Seifenblasen aus demselben Stoff, aus dem der Weltschöpfer die ganze schwere Erde, den Himmel und alle Tiere und ihre Schicksale gemacht hat. Wir sind auf dem sehr stolzen und sehr menschenwürdigen Gebiet der freien Phantasie.

Die Berichtform zeigt den souveränen Willen des Menschen an, zum mindesten des Autors, dem Wissen und der Wissenschaft zum Trotz mit der Realität zu spielen. Da wird nun alles möglich, was sich denken läßt, die Schwerkraft wird abgeschafft, alle physikalischen Gesetze werden abgeschafft – aber im selben Augenblick wird gewußt: es gibt die Schwerkraft und alle Gesetze, aber wir, wir können alles, wir erzählen in der Berichtform von einer ganz anderen Welt. Die Dichtung ist mehr als ein Traum. Der Traum spielt auch mit der Realität, aber ist für unser Gefühl noch fatal und lästig mit der Realität verbunden. In der Dichtung ist die Leichtigkeit und Verspottung der Realität vollkommen. Dies ist der ungeheure Lustgewinn, den die Berichtform des Fabulierens gewährt, dem Autor wie dem Hörer. [...] Wenn man dies vergleicht, dies Bemühen und dies Resultat, mit der überrealen Sphäre, auf die ich zuerst hingewiesen habe als die eine Säule der Berichtform, und der phantastischen Sphäre, der Fabuliersphäre, als der zweiten Säule der Berichtform, wie dürftig, armselig, ja burlesk sind diese Naturalisten, die die Berichtform glauben beim Wort nehmen zu müssen. Sie sehen aber jetzt klar das Verhältnis der beiden Kunstsphären, die im Epischen mit der Berichtform zusammenhängen, wie ich eben zeigte: die phantastische und Fabuliersphäre, das ist nur die Negation der realen Sphäre und garantiert ein Spiel mit der Realität – die überreale Sphäre, das ist die Sphäre einer neuen Wahrheit und einer ganz besonderen Realität.

Jetzt also darf man wieder in der Form des Berichts sprechen. So wird diese Form wieder wahr in der Sphäre des epischen Kunstwerks, und hier ist nicht mehr die Rede von Schwindel, Phantasterei, die Dichtung ist nicht mehr eine unehrliche, verworrene und unglaubwürdige Angelegenheit, die Dichtung ist nicht mehr degradiert zu seiner subjektivistischen Spielerei, und wenn die wirkliche epische Dichtung das Imperfektum gebraucht und stolz berichtet, so zeigt sie damit daß sie weiß, wer sie ist und daß sie ihren Ort und ihren Rang im Geistesleben kennt.

(aus: Alfred Döblin, Aufsätze zur Literatur. Ausgewählte Werke in Einzelbänden. Olten und Freiburg im Breisgau 1963. S. 103–111.)

Anhang

Anmerkungen

[1] Zitiert wird nach der Taschenbuchausgabe des Werkes im Deutschen Taschenbuch Verlag: Döblin, Alfred: Berlin Alexanderplatz. Die Geschichte vom Franz Biberkopf. München 1965. Im folgenden werden die Zitate aus dem Roman mit der Sigle BA und der entsprechenden Seitenzahl im laufenden Text nachgewiesen.

[2] Muschg, Walter: Alfred Döblins Roman „Berlin Alexanderplatz. Die Geschichte vom Franz Biberkopf". In: Der deutsche Roman im 20. Jahrhundert. Bd. 1. Hrsg. von Manfred Brauneck. Bamberg 1976, S. 168.

[3] Eine Ausnahme stellt die Monographie von Helmut Schwimmer dar (Alfred Döblin: „Berlin Alexanderplatz". München 1973). Sie bietet eine Fülle an Deutungsanregungen, arbeitet sorgfältig und umfassend literarische und biografische Einflüsse auf Döblins Werk heraus, kennzeichnet den poetischen Gehalt und vor allem die sprachlichen Mittel des Textes. Gleichwohl ist die Arbeit heute als Interpretation für Schule und Studium nur noch bedingt zu nutzen, und das aus verschiedenen Gründen. 1. 1973 publiziert, entspricht sie nicht mehr dem gegenwärtigen Forschungsstand (vgl. die diversen Arbeiten, etwa von Müller-Salget und Bayerdörfer, die sich mit dem problematischen Romanschluß auseinandersetzen.). 2. Sie gibt pädagogisch-didaktischen Überlegungen zu wenig Raum; aufs Ganze gesehen fehlen praktikable Hinweise für die Planung, Gestaltung und Nachbereitung des Unterrichts. 3. Das, was sie vielleicht für den philologisch Interessierten attraktiv macht, die Vielfalt der in ihr erörterten stilistischen Aspekte und Motive, die mit großer Akribie zusammengestellten Textbelege, macht sie gleichzeitig, gerade für den Unterricht, auch ein wenig unübersichtlich.

[4] Döblin, Alfred: Die Zeitlupe. Kleine Prosa. Aus dem Nachlaß zusammengestellt von Walter Muschg. Olten und Freiburg 1962. S. 56. Im folgenden werden Zitate aus dem Buch im laufenden Text mit der Sigle Z und der entsprechenden Seitenzahl nachgewiesen.

[5] Döblin, Alfred: Autobiographische Schriften und letzte Aufzeichnungen. Olten und Freiburg 1977, S. 39. Im folgenden nachgewiesen mit der Sigle A.

[6] Döblin, Alfred: In: Alfred Döblin 1878–1957. Katalog zur Ausstellung im Literaturarchiv Marbach. München 1978. S. 214.

[7] Döblin, Alfred: Berlin und die Künstler. In: Materialien zu Alfred Döblins „Berlin Alexanderplatz". Hrsg. von Matthias Prangel. Frankfurt/M. 1975. S. 10. Im folgenden nachgewiesen mit der Sigle M.

[8] Döblin, Alfred: Aufsätze zur Literatur. Ausgew. Werke Bd. 8. Hrsg. von Walter Muschg. Olten und Freiburg 1963. S. 287. Im folgenden nachgewiesen mit der Sigle L.

[9] Döblin, Alfred: An Romanautoren und ihre Kritiker. In: Aufsätze zur Literatur, ebenda, S. 15–19.

[10] Kleinschmidt, Erich: Döblin-Studien I. Depersonale Poetik. Dispositionen des Erzählens bei Alfred Döblin. In: Jahrbuch der deutschen Schillergesellschaft 26. 1982. S. 385.

[11] Döblin, Alfred: Gespräche mit Kalypso. Über die Musik. Olten 1980, S. 35.

[12] Müller-Salget, Klaus: Entselbstung und Selbstbehauptung. Der Erzähler Alfred

Döblin. In: Metamorphosen des Dichters. Hrsg. von Gunter E. Grimm. Frankfurt/M. 1992. S. 218.

[13] Stenzel, Jürgen: Mit Kleister und Schere. In: Text + Kritik 1966. H. 13/14, S. 43.

[14] Döblin, Alfred: Briefe. Olten und Freiburg 1970. S. 109.

[15] Müller-Salget, ebenda, S. 123.

[16] Bayerdörfer, Hans-Peter: Der Wissende und die Gewalt. Alfred Döblins Theorie des epischen Werkes und der Schluß von „Berlin Alexanderplatz". In: Materialien zu Alfred Döblins „Berlin Alexanderplatz". Frankfurt/M. 1975. S. 177.

[17] Bayerdörfer, ebenda, S. 182.

[18] Diese Instanz ist nicht mit dem Milieu, auch nicht – und das unterscheidet Döblin allerdings von Brecht – mit gesellschaftlichen Bedingungen gleichzusetzen. In einer früheren Fassung des Prologs ironisiert Döblin geradezu solches Verständnis: „[...] da sind gleich manche von Euch, die da hoffen, jetzt kommt die längst fällige Anklage gegen die Gesellschaft und den Staat [...] das ist endlich mal von dem Autor ein gutes soziales Buch... der Autor hat endlich einmal seine Pflicht gegen die Gesellschaft erfüllt und sich von seinen überspannten Ideen losgemacht, die ja letzten Endes faules bourgeoises Zeug sind." (M 25)

[19] Vgl. Schröter, Klaus: Alfred Döblin. Reinbek bei Hamburg, 1978, S. 100.

[20] Klotz, Volker: Agon Stadt. In: ders.: Die erzählte Stadt. Reinbek bei Hamburg 1987. S. 404.

[21] Müller-Salget, ebenda, S. 302.

[22] Jähner, Harald: Stadtraum – Textraum. In: In der großen Stadt. Hrsg. von Thomas Steinfeld u. a. Frankfurt/M. S. 103.

[23] Alfred Döblin. Zitiert nach Schwimmer, ebenda, S. 89.

[24] Jähner, ebenda, S. 105.

[25] Jähner, Harald: Erzählter, montierter und soufflierter Text. Frankfurt/M./Bern/New York/Nancy 1984. S. 13 f.

[26] Jähner, ebenda. S. 17.

[27] Anders, Günther: Der verwüstete Mensch. In: ders.: Mensch ohne Welt. München 1993. S. 4.

[28] Pinthus, Kurt: Die Überfülle des Erlebens. Aus: Berliner Illustrirte vom 28.2.1925. Abgedruckt in: Faksimile-Querschnitt durch die Berliner Illustrirte. Hrsg. von Friedrich Luft. München 1965. S. 10 f.

[29] Klotz, ebenda, S. 398.

[30] Jähner, ebenda, S. 20.

[31] Klotz, ebenda, S. 399.

[32] Adorno, Theodor W.: Standort des Erzählers im modernen Roman. Schriften Bd. 11. Frankfurt 1974. S. 42.

[33] Jähner, ebenda, S. 39.

[34] Klotz, ebenda, S. 374.

[35] Klotz, ebenda, S. 375 f.

[36] Stenzel, ebenda, S. 43 f.

[37] Klotz, ebenda, S. 378.

[38] Kesten, Hermann: Verboten und verbrannt. Berlin/München 1947. S. 110.

[39] Klotz, ebenda, S. 378.

[40] Benjamin, Walter: „Berlin Alexanderplatz". In: Alfred Döblin im Spiegel der

zeitgenössischen Kritik. Hrsg. von Ingrid Schuster und Ingrid Bode. Bern 1973. S. 252.
[41] Klotz, ebenda, S. 412 f.
[42] Anders, ebenda, S. 28.
[43] Müller-Salget, ebenda, S. 321.
[44] Jähner, Textraum, ebenda, S. 103.
[45] Bohnen, Klaus: Erzählen aus mythischer Erinnerung. In: Jahrbuch der Schillergesellschaft 28. 1994. S. 456.
[46] Vgl. Bohnen, ebenda, S. 456.
[47] Vgl. Schöne, Albrecht: Alfred Döblin: „Berlin Alexanderplatz". In: Der deutsche Roman. Bd. II. Hrsg. von Benno von Wiese, Düsseldorf 1963. S. 324.
[48] Müller-Salget, ebenda, S. 324.
[49] Bayerdörfer, ebenda, S. 152.
[50] Vgl. Döblin, Alfred: Das Ich über der Natur. Berlin 1927.
[51] Düsing, Wolfgang: Franz Biberkopf oder das alte und das neue Ich. In: ders.: Erinnerung und Identität. München 1982. S. 129.
[52] Jähner, ebenda, S. 52 f.
[53] Müller-Salget, ebenda, S. 349.
[56] Döblin, Alfred: Unser Dasein. Ausgewählte Werke in Einzelbänden. Hrsg. von Walter Muschg. Olten und Freiburg 1964, S. 476.
[55] Düsing, ebenda, S. 128.
[56] Muschg, ebenda, S. 179.
[57] Muschg, ebenda, S. 174.
[58] Becher, Johannes R.: Einen Schritt weiter! In: Erobert die Literatur. Hrsg. von F. R. Scheck. Köln 1973. S. 91.
[59] Alfred Döblin. Zitiert nach Müller-Salget, ebenda, S. 348.
[60] Bayerdörfer, ebenda, S. 160.
[61] Vgl. Kreutzer, Leo: Alfred Döblin. Stuttgart 1970. S. 118 f.
[62] Kreutzer, ebenda, S. 119.
[63] Bayerdörfer, ebenda, S. 165.
[64] 1994 erschien die Taschenbuchausgabe des Romans in 33. Auflage.
[65] Vgl. Alfred Döblin im Spiegel der zeitgenössischen Kritik, ebenda, S. 207; 210; 217.
[66] Benjamin. In: Alfred Döblin im Spiegel der zeitgenössischen Kritik, ebenda, S. 251.
[67] Benjamin, ebenda, S. 253 f.
[68] Neukrantz. In: Alfred Döblin im Spiegel der zeitgenössischen Kritik, ebenda, S. 228.
[69] Neukrantz, ebenda, S. 229.
[70] Haas. In: Alfred Döblin im Spiegel der zeitgenössischen Kritik, ebd., S. 222.
[71] Haas, ebenda, S. 221.
[72] Kreutzer, Leo: Stadt erzählen. Roman Film Hörspiel *Berlin Alexanderplatz*. In: Elmar Buck, Leo Kreutzer, Jürgen Peters: Die schöne Leiche aus der Rue Bellechasse. Reinbek bei Hamburg 1977. S. 89.
[73] Döblin, Alfred: Literatur und Rundfunk. In: Hans Bredow: Aus meinem Archiv. Probleme des Rundfunks Heidelberg 1950. S. 117.
[74] Kreutzer, ebenda, S. 102.

[75] Axel Eggebrecht. In: Alfred Döblin im Spiegel der zeitgenössischen Kritik, ebenda, S. 244.
[76] Balazs, Bela: Der Film sucht seinen Stoff. In: Hätte ich das Kino! Die Schriftsteller und der Stummfilm. Hrsg. vom Deutschen Literaturarchiv im Schiller-Nationalmuseum Marbach. München 1976. S. 376.
[77] Bayerdörfer, Hans-Peter: Alfred Döblin: Berlin Alexanderplatz. In: Interpretationen Romane des 20. Jahrhunderts. Bd. 1. Stuttgart 1993. S. 159.
[78] Fassbinder, Rainer Werner: Alfred Döblin: Berlin Alexanderplatz. In: ZEIT-Bibliothek der 100 Bücher. Hrsg. von Fritz J. Raddatz, Frankfurt/M. 1980. S. 365.
[79] Vgl. Der Spiegel, 3. 11. 1980.
[80] Simmel, Georg: Die Großstadt und das Geistesleben. In: Lyrik des Expressionismus. Hrsg. von Silvio Vietta. Tübingen 1990. S. 10 f.
[81] Simmel, ebenda, S. 16.
[82] Simmel, ebenda, S. 16.
[83] Strauß, Botho: Der Park. Schauspiel. München 1991. S. 7.

Literaturverzeichnis

Primärliteratur
Döblin, Alfred: Das Ich über der Natur. Berlin 1927.
Döblin, Alfred: Literatur und Rundfunk. In: Hans Bredow. Aus meinem Archiv. Probleme des Rundfunks. Heidelberg 1950.
Döblin, Alfred: Berlin Alexanderplatz. Die Geschichte vom Franz Biberkopf. Ausgewählte Werke Bd. 3. In Verbindung mit den Söhnen des Dichters hrsg. von Walter Muschg. Olten und Freiburg im Breisgau 1961.
Döblin, Alfred: Berlin Alexanderplatz. Roman. Nachwort von Walter Muschg. München 1965 (= dtv 295) (= BA).
Döblin, Alfred: Die Zeitlupe. Kleine Prosa. Aus dem Nachlaß zusammengestellt von Walter Muschg. Olten und Freiburg im Breisgau 1962 (= Z).
Döblin, Alfred: Aufsätze zur Literatur. Ausgew. Werke Bd. 8. Hrsg. von Walter Muschg. Olten und Freiburg im Breisgau 1963 (= L).
Döblin, Alfred: Unser Dasein. Olten und Freiburg im Breisgau 1964.
Döblin, Alfred: Briefe, Olten und Freiburg. 1970.
Döblin, Alfred: Die Geschichte vom Franz Biberkopf. Hörspiel. Mit einem Nachwort, hrsg. von Heinz Schwitzke. Stuttgart 1976.
Döblin, Alfred: Autobiographische Schriften und letzte Aufzeichnungen. Hrsg. von Edgar Pässler. Olten und Freiburg im Breisgau 1977 (= A).
Döblin, Alfred: Gespräche mit Kalypso. Über die Musik. Olten 1980.
Döblin, Alfred: Kleine Schriften I/II. Ausgewählte Werke in Einzelbänden. Hrsg. von Anthony W. Riley. Olten und Freiburg im Breisgau. 1985/1990.
Strauß, Botho: Der Park. Schauspiel. München 1993.

Sekundärliteratur
Materialien

Alfred Döblin im Spiegel der zeitgenössischen Kritik. Hrsg. von Ingrid Schuster und Ingrid Bode. Bern und München 1973.
Materialien zu Alfred Döblin. „Berlin Alexanderplatz". Hrsg. von Matthias Prangel. Frankfurt/M. 1975 (= M).
Alfred Döblin 1878–1978. Eine Ausstellung des Deutschen Literaturarchivs im Schiller-Nationalmuseum Marbach am Neckar. Marbach 1978.
Materialien. Alfred Döblin: „Berlin Alexanderplatz". Ausgewählt und eingeleitet von Dieter Mayer. Stuttgart 1980.

Zu Leben und Werk Döblins

Keller, Otto: Döblins Montageroman als Epos der Moderne. München 1980.
Kleinschmidt, Erich: Döblin-Studien. I. Depersonale Poetik. Dispositionen des Erzählens bei Alfred Döblin. Döblin-Studien. II. „Es gibt den eisklaren Tag und unseren Tod in den nächsten 85 Jahren". Alfred Döblin als politischer Schriftsteller. In: Jahrbuch der deutschen Schillergesellschaft 26. 1982. S. 383–427.
Kobel, Erwin: Alfred Döblin. Erzählkunst im Umbruch. Berlin/New York 1985.
Koopmann, Helmut: Der klassisch-moderne Roman in Deutschland. Thomas Mann, Alfred Döblin, Hermann Broch. Stuttgart 1983.
Kreutzer, Leo: Alfred Döblin. Sein Werk bis 1933. Stuttgart 1970.

Links, Roland: Alfred Döblin. München 1981 (= Autorenbücher 24).
Müller-Salget, Klaus: Alfred Döblin. Werk und Entwicklung. Bonn 1972 (= Bonner Arbeiten zur deutschen Literatur 22).
Müller-Salget, Klaus: Alfred Döblin. Werk und Entwicklung. Bonn 1972.
Müller-Salget, Klaus: Entselbstung und Selbstbehauptung. Der Erzähler Alfred Döblin. In: Metamorphosen des Dichters. Das Rollenverständnis deutscher Schriftsteller vom Barock bis zur Gegenwart. Hrsg. von Gunter E. Grimm. Frankfurt/M. 1992. S. 214–227.
Prangel, Matthias: Alfred Döblin. Stuttgart 1973. (= Sammlung Metzler 105).
Schmidt-Henkel, Gerhard: Der Dichter als Demiurg: Alfred Döblin. In: ders.: Mythos und Dichtung. Bad Homburg/Berlin/Zürich 1967. S. 156–187.
Schröter, Klaus: Alfred Döblin. Reinbek bei Hamburg 1978 (= rm 266).
Žmegač, Viktor: Alfred Döblins Poetik des Romans. In: Deutsche Romantheorien. Hrsg. von Reinhold Grimm. Frankfurt/M. 1974 (= Fischer Athenäum Taschenbücher). S. 341–364.

zu „Berlin Alexanderplatz"

Anders, Günther: Der verwüstete Mensch. Über Welt- und Sprachlosigkeit in Alfred Döblins „Berlin Alexanderplatz". In: ders.: Mensch ohne Welt. Schriften zur Kunst und Literatur. München 1993. S. 3–30.
Bayerdörfer, Hans-Peter: Der Wissende und die Gewalt. Alfred Döblins Theorie des epischen Werkes und der Schluß von „Berlin Alexanderplatz". In: Materialien zu Alfred Döblin. „Berlin Alexanderplatz". Frankfurt/M. 1975. S. 150–185.
Bayerdörfer, Hans-Peter: Alfred Döblin: „Berlin Alexanderplatz". In: Deutsche Romane des 20. Jahrhunderts. Neue Interpretationen. Hrsg. von Paul Michael Lützeler. Königstein/Ts. 1983, S. 148–166.
Bayerdörfer, Hans-Peter: Alfred Döblin: „Berlin Alexanderplatz". In: Interpretationen. Romane des 20. Jahrhunderts. Bd. 1. Stuttgart 1993. S. 158–194.
Becher, Johannes R.: Einen Schritt weiter! In: Erobert die Literatur! Proletarisch-revolutionäre Literaturtheorie und -debatte in der Linkskurve 1929–1932. Hrsg. von F. R. Scheck. Köln 1973.
Benjamin, Walter: Krisis des Romans. Zu Döblins „Berlin Alexanderplatz". In: Materialien zu Alfred Döblins „Berlin Alexanderplatz". S. 108–114.
Bohnen, Klaus: Erzählen aus mythischer Erinnerung. Ein Versuch zu Döblins „Berlin Alexanderplatz". In: Jahrbuch der deutschen Schillergesellschaft 28. 1984. S. 446 ff.
Düsing, Wolfgang: Franz Biberkopf oder das alte und das neue Ich. In: ders.: Erinnerung und Identität. Untersuchungen zu einem Erzählproblem bei Musil, Döblin und Doderer, München 1982. S. 128–141.
Elm, Ursula: Literatur als Lebensanschauung. Zum ideengeschichtlichen Hintergrund von Alfred Döblins „Berlin Alexanderplatz". Bielefeld 1991.
Fassbinder, Rainer Werner: Alfred Döblin: Berlin Alexanderplatz. In: ZEIT-Bibliothek der 100 Bücher. Hrsg. von Fritz J. Raddatz. Frankfurt/M. 1980. S. 361–369.
Freisfeld, Andreas: Die Leiden der Stadt: Döblins „Berlin Alexanderplatz". In: ders.: Das Leiden an der Stadt. Köln/Wien 1982. S. 132–204.

Grevel, Lilo: Franz Biberkopf: ein Beispiel unter anderen. Individuum und Kommunikation in Alfred Döblins Roman „Berlin Alexanderplatz". In: Der Deutschunterricht 44. 1992. H. 3. S. 37–54.
Hülse, Erich: Alfred Döblins Roman „Berlin Alexanderplatz". In: Möglichkeiten des modernen Romans. Hrsg. von Rolf Geißler. Frankfurt/M./Berlin/Bonn 1962, S. 45–101.
Jähner, Harald: Erzählter, montierter und soufflierter Text. Zur Konstruktion des Romans „Berlin Alexanderplatz" von Alfred Döblin. Frankfurt/M./Bern/New York/Nancy 1984.
Jähner, Harald: Stadttraum – Textraum. Die Stadt als Megaphon des Unbewußten. In: In der großen Stadt. Die Metropole als kulturtheoretische Kategorie. Hrsg. von Thomas Steinfeld und Heidrun Suhr. Frankfurt/M. 1990. S. 97–107.
Kelsch, Wolfgang: Döblins Roman „Berlin Alexanderplatz" auf der Oberstufe. In: Der Deutschunterricht 20. 1968. H. 1. S. 24–42.
Klotz, Volker: Agon Stadt. Alfred Döblin: Berlin Alexanderplatz. In: ders.: Die erzählte Stadt. Ein Sujet als Herausforderung des Romans von Lesage bis Döblin, Reinbek bei Hamburg 1987. S. 372–418.
Kreutzer, Leo: Stadt erzählen. Roman Film Hörspiel *Berlin Alexanderplatz*. In: Elmar Buck, Leo Kreutzer, Jürgen Peters: Die schöne Leiche aus der Rue Bellechasse. Reinbek bei Hamburg 1977. S. 87–105.
Martini, Fritz: Alfred Döblin: „Berlin Alexanderplatz". In: ders.: Das Wagnis der Sprache. Interpretationen deutscher Prosa von Nietzsche bis Benn. Stuttgart 1964. S. 336–372.
Miller, Nikolaus: Montageroman. In: ders.: Prolegomena zu einer Poetik der Dokumentarliteratur. München 1982. S. 166–206.
Miller, Nikolaus: Alfred Döblin: „Berlin Alexanderplatz". In: Deutsche Romane von Grimmelshausen bis Walser. Bd. 2. Hrsg. von Jakob Lehmann. Frankfurt/M. 1986. S. 213–229.
Möhrmann, Renate: Biberkopf, was nun? Großstadtmisere im Berliner Roman der präfaschistischen Ära. In: Diskussion Deutsch 40. 1978. S. 133–151.
Müller-Salget, Klaus: Zur Entstehung von Döblins „Berlin Alexanderplatz". In: Materialien zu Alfred Döblins „Berlin Alexanderplatz". S. 117–135.
Muschg, Walter: Alfred Döblins Roman „Berlin Alexanderplatz". Die Geschichte vom Franz Biberkopf". In: Der deutsche Roman im 20. Jahrhundert. Hrsg. von Manfred Brauneck. Bamberg 1976. S. 168–180.
Scherpe, Klaus R.: Von der erzählten Stadt zur Stadterzählung. Der Großstadtdiskurs in Alfred Döblins „Berlin Alexanderplatz". In: Diskurstheorien und Literaturwissenschaft. Hrsg. von Jürgen Fohrmann und Harro Müller. Frankfurt/M. 1988. S. 418–437.
Schöne, Albrecht: Alfred Döblin: „Berlin Alexanderplatz". In: Der deutsche Roman. Bd. II. Hrsg. von Benno von Wiese. Düsseldorf 1963. S. 291–325.
Schwimmer, Helmut: Alfred Döblin: „Berlin Alexanderplatz". München 1973.
Stenzel, Jürgen: Mit Kleister und Schere. Zur Handschrift von „Berlin Alexanderplatz". In: Text + Kritik 1966. H. 13/14. S. 39–44.
Kassette (Hörspiel):
  Döblin, Alfred: Die Geschichte von Franz Biberkopf. Stuttgart 1987 (= Cottas Hörbühne).

weitere Literatur

Adorno, Theodor W.: Standort des Erzählers im modernen Roman. Schriften Bd. 11. Frankfurt/M. 1974. S. 41–48.

Balazs, Bela: Der Film sucht seinen Stoff. In: Hätte ich das Kino! Die Schriftsteller und der Stummfilm. Hrsg. vom Deutschen Literaturarchiv im Schiller-National-Museum Marbach. München 1976.

Fassbinder, Rainer Werner: Der Film Berlin Alexanderplatz. Ein Arbeitsjournal. Mit Harry Baer. Frankfurt/M. 1980.

Hillebrand, Bruno: Theorie des Romans. München 1980.

Pinthus, Kurt: Die Überfülle des Erlebens. Aus: Berliner Illustrirte vom 28. 2. 1925. Abgedruckt in: Faksimile-Querschnitt durch die Berliner Illustrirte. Hrsg. von Friedrich Luft. München 1965. S. 10 f.

Scherpe, Klaus R.: Die Unwirklichkeit der Städte. Großstadtdarstellungen zwischen Moderne und Postmoderne. Reinbek bei Hamburg 1988.

Scheuer, Helmut (Hg.): Literarische Topographie: Berlin. In: Der Deutschunterricht 44. 1992. H. 5.

Scheuermann, Dietrich: Romankrise. Die Entstehungsgeschichte der modernen Romanpoetik in Deutschland. Heidelberg 1978.

Schütz, Erhard: Romane der Weimarer Republik. München 1986.

Simmel, Georg: Die Großstadt und das Geistesleben. In: Lyrik des Expressionismus. Hrsg. von Silvio Vietta. Tübingen 1990. S. 10–19.

Zeittafel zu Leben und Werk

1878	10. August: Bruno Alfred Döblin als viertes und vorletztes Kind jüdischer Eltern in Stettin geboren. Sein Vater Max Döblin und seine Mutter Sophie, geb. Freudenheim, betreiben in dieser Zeit ein Zuschneideatelier in der Stadt.
1884	Einschulung Döblins: Er kommt in die Vorschule der Friedrich-Wilhelms-Schule, eines Realgymnasiums.
1888	Der Vater verläßt Frau und Kinder und wandert mit der wesentlich jüngeren Henriette Zander, einer Angestellten des Geschäftes, nach Amerika aus; die Familie zieht nach Berlin und lebt dort von der Unterstützung eines reichen Bruders der Mutter.
1891	Besuch des Köllnischen Gymnasiums in Berlin; dort erste literarische Schreibversuche
1900	Abitur; Abschluß des ersten Romans *Jagende Rosse;* Studium der Medizin und Philosophie in Berlin und Freiburg
1902	Entstehung eines Romans mit dem Titel *Der schwarze Vorhang*
1905	Promotion zum Dr. med. aufgrund der Freiburger Dissertation *Gedächtnisstörungen bei der Korsakoffschen Psychose;* danach Assistent an der Irrenanstalt in Prüll bei Regensburg, später in Berlin-Buch; erste Beschäftigung mit den Arbeiten Sigmund Freuds; Einakter *Lydia und Mäxchen*
1910	Zusammen mit Herwarth Walden gründet er die Zeitschrift *Der Sturm,* in der später wichtige poetische und poetologische Arbeiten des Verfassers erscheinen (u. a. auch die musiktheoretische Schrift *Gespräche mit Kalypso*)
1911	Niederlassung als praktischer Arzt und Geburtshelfer, später als Internist und Nervenarzt im Berliner Südwesten; Geburt des unehelichen Sohnes Bodo
1912	23. Januar: Ehe mit Erna Reiss; Geburt des Sohnes Peter; Eröffnung einer kassenärztlichen Praxis im Berliner Arbeiterviertel; Austritt aus der jüdischen Gemeinde in Berlin; Begegnung mit dem Futuristen Marinetti
1913	Publikation des Novellenbandes *Die Ermordung einer Butterblume*
1914–18	Militärarzt im Elsaß
1915	Fontane-Preis; Geburt des Sohnes Wolfgang
1916	Publikation des Romans *Die drei Sprünge des Wang-lun* im S. Fischer-Verlag
1917	Geburt des Sohnes Klaus; Publikation der Erzählanthologie *Die Lohensteiner reisen nach Böhmen*
1918	*Wadzeks Kampf mit der Dampfturbine. Roman;* Tod der Schwester Meta; Beitritt zur USPD
1919–22	Unter dem Pseudonym *Linke Poot* schreibt Döblin zeitkritische Artikel und Glossen; elf der Artikel faßt er 1921 unter dem Titel *Der deutsche Maskenball* zu einer eigenständigen Publikation zusammen
1919	Erneut Eröffnung einer ärztlichen Praxis in Berlin; Veröffentlichung des Romans *Wallenstein* in zwei Bänden; Vorstandsmitglied des

	Schutzverbandes deutscher Schriftsteller (seit 1924 Erster Präsident); Tod der Mutter
1921	Beitritt zur SPD; Tod des Vaters; Theaterreferat am *Prager Tageblatt;* seit 1921 lebenslange Freundschaft mit der Fotografin Yolla Niclas
1922	Entstehung des Romanes *Berge, Meere und Giganten*
1923	Mitarbeit am *Berliner Tageblatt*
1924	Reise durch Polen
1925	Dokumentation der Polenreise in dem Buch *Reise in Polen;* in diesem und in den folgenden Jahren zahlreiche Dichterlesungen und Vorlesungen; Mitarbeit an der „Gruppe 1925", einem lockeren Zusammenschluß linksliberaler und kommunistischer Autoren, hier u. a. Bekanntschaft mit Becher, Brecht, Bloch, Kaiser, Weiß und Mehring
1926	Geburt des Sohnes Stephan
1927	Publikation des Versepos' *Manas;* Beginn der ersten geschlossenen Niederschrift des *BA;* Veröffentlichung des naturphilosophischen Essays *Das Ich über der Natur*
1928	Wahl in die *Sektion für Dichtkunst* der Preußischen Akademie der Künste; Kampf gegen das Schmutz- und Schundgesetz
1929	Vorabdruck des *BA* in der *Frankfurter Allgemeinen Zeitung;* Publikation des *BA* im Fischer-Verlag
1930	Sendung der Hörspielfassung des *BA* in der *Funkstunde*
1931	*Wissen und Verändern,* die Sammlung der 1930 im *Tagebuch* veröffentlichten *Offenen Briefe an einen jungen Menschen*
1933	Emigration, zuerst Zürich, dann Paris; Aberkennung der deutschen Staatsbürgerschaft
1934	Veröffentlichung des Romans *Babylonische Wanderung oder Hochmut kommt vor dem Fall*
1935	Veröffentlichung des Romans *Pardon wird nicht gegeben*
1936	Französische Staatsbürgerschaft
1937	Entstehung der *Amazonas*-Trilogie; Beginn der Arbeit an dem Erzählwerk *November 1918*
1940	Arbeit im französischen Informationsministerium; Flucht vor den deutschen Truppen durch Frankreich; über Barcelona und Lissabon Flucht in die USA; Freitod des Sohnes Wolfgang; Scriptwriter bei Metro-Goldwyn-Mayer in Los Angeles
1941	Konversion zum Katholizismus
1945	Rückkehr nach Deutschland; Chef des Bureau des Lettres, Abteilung Education Publique, der französischen Militärverwaltung im Rang eines Obersten in Baden-Baden
1946	Gründung und Herausgabe der lit. Zeitschrift *Das Goldene Tor*
1949	Mitbegründer und für längere Zeit Vizepräsident der Mainzer Akademie für Wissenschaft und Literatur; sein letzter Roman *Hamlet oder Die lange Nacht nimmt ein Ende* findet zunächst keinen Verleger in Deutschland, erscheint erst 1956 in der DDR
1953–56	Aufenthalte in Paris; wegen Erkrankungen Kuren im Schwarzwald
1957	26. Juni: Tod im Landeskrankenhaus Emmendingen; am 14. September Freitod von Erna Döblin in Paris